하나님의 유기적인 구원을 체험하는 것은
곧 그리스도의 생명 안에서 왕으로서 다스리는 것임

The Experience of God's Organic Salvation
Equaling Reigning in Christ's Life

by Witness Lee

Originally Published by
Living Stream Ministry, Anaheim, California, U. S. A.

Translated and Published by Permission,
Printed in Korea.

하나님의 유기적인 구원을 체험하는 것은 곧 그리스도의 생명 안에서 왕으로서 다스리는 것임

위트니스 리

한국복음서원

차례

* 이 책에 인용된 성경 본문은 〈회복역 성경〉을 사용하였습니다.
* 이 책에 인용된 찬송가는 특별한 언급이 없는 경우 한국복음서원 찬송가입니다. 영어 찬송가는 리빙 스트림 미니스트리(Living Stream Ministry)에서 출간한 것입니다.

서문

이 책은 위트리스 리 형제님이 1997년 2월 14일부터 17일까지의 기간에 캘리포니아주 애너하임에서 전한 메시지들로 되어 있습니다.

1

하나님의 유기적인 구원(1) – 거듭나게 하심과 새롭게 하심

God's Organic Salvation (1)
Regeneration and Renewing

제1장

하나님의 유기적인 구원(1)
— 거듭나게 하심과 새롭게 하심

개요

I. 하나님께서 우리를 거듭나게 하시는 것은 우리가 그분의 신성한 생명을 갖게 하시려는 것으로, 하나님의 유기적인 구원의 기반이다 — 딛 3:5, 요 3:3, 16, 36상.

A. 거듭남은 우리가 신성한 생명 안에서 자라기 위한 기반이다.

1. 하나님의 영께서 우리의 영 안에서 신성한 생명으로 우리를 거듭나게 하시는 것은 다음과 같은 목적을 위한 것이다.

a. 우리가 하나님에게서 태어나 하나님의 종(種)이 되게 하시려는 것이다 — 요 1:13.

b. 우리가 자신의 타고난 생명에 더하여 하나님의 신성하고도 영원한 생명을 얻게 하시려는 것이다(요 3:16, 36상). 이러한 생명은 우리의 영적인 생명과 생활의 근거와 수단이다.

2. 우리는 거듭남을 통하여 신성한 생명을 받을 뿐 아니라, 거듭남을 기반으로 하여 신성한 생명 안에서 자란다.

a. 매일의 점진적인 구원에 이르도록 하나님의 말씀의 젖의 공급으로 양육받음으로써 — 벧전 2:2.

b. 타고난 생명을 부인하고 신성한 생명에 의해 삶으로써 — 마 16:24.

B. 거듭남은 우리가 신성한 생명 안에서 건축되기 위한 기반이다.

1. 우리는 우리 안에 있는 신성한 생명이 자라고 증가됨으로써 신성한 생명 안에서 건축되고 있다 — 골 2:19, 엡 4:15-16.

2. 신성한 생명의 성장에 근거한 이러한 신성한 건축 안에서, 그리스도의 형제들이자 지체들(히 2:11, 롬 12:5, 고전 12:27)인 거듭난 믿는 이들은 하나님의 유기적인 구원의 목적을 이루기 위해 무한하신 그리스도의 증가와 충만인 그리스도의 몸(요 3:30상, 엡 1:23)으로 조성된다.

Ⅱ. 하나님께서 우리를 새롭게 하시는 것은 우리가 그분의 신성한 새 창조물이 되게 하시려는 것으로, 하나님의 유기적인 구원의 건축하는 방면이다 — 롬 12:2, 딛 3:5하, 고후 5:17, 갈 6:15.

A. 하나님께서 우리를 새롭게 하시는 것은 우리가 신성한 새 창조물 안에서 건축되게 하시려는 것이다.

1. 거듭남을 통하여 우리는 그리스도 안에서 한 새사람(엡 2:15, 골 3:10)으로, 곧 하나님의 새 창조물(고후 5:17, 갈 6:15)로 창조되었다.

2. 이 새 창조물은 하나님의 옛 창조물에서 나온 것인데, 옛 창조물의 매우 많은 옛 요소들이 새로워짐으로 새롭게 되어야 한다.

3. 사실에 있어서 새사람의 창조는 그리스도에 의해 십자가에서 완성되었다(엡 2:15). 그러나 새사람의 지체들이 된 후에 우리는 실행에 있어서, 우리의 생활에서 실지적으로 새롭게 됨으로써 그리스도께서 완성하신 것을 우리 자신에게 적용해야 한다. 그럴 때 우리는 신성한 새 창조물 안에서 건축될 수 있다.

B. 하나님께서 우리를 새롭게 하시는 것은 우리가 하나님의 유기적인 구원 안에서 건축되게 하시려는 것이다.

1. 하나님의 유기적인 구원에서 거듭남은 씻음이고, 새롭게 하심은 거듭남의 씻음이 계속되는 것이다 — 딛 3:5.
2. 하나님의 유기적인 구원에서 새롭게 하심은 다음과 같은 것들에 의해 이루어진다.
   a. 새롭게 하시는 영(딛 3:5)께서 우리의 거듭난 영과 한 영으로 연합되시어, 우리의 생각 안으로 확산되시고(엡 4:22-24) 영원히 새롭고 결코 낡아지지 않는 하나님의 속성들을 우리의 속부분들에 주입하셔서 우리의 전 존재를 새롭게 하심으로써.
   b. 우리가 그리스도의 부활 안에 있는 신성한 생명의 새로움 안에서 행하는 것에 의해 — 롬 6:4.
   c. 우리가 환경에서 오는 고난들에 의해 소모됨으로써. 이러한 고난들은 날마다 우리의 겉사람을 죽이고 우리의 속사람을 나날이 새롭게 하기 위한 것이다 — 고후 4:16.
3. 이러한 새롭게 하심을 통해 우리는 하나님의 유기적인 구원 안에서 건축되어 궁극적으로 새 예루살렘처럼 새롭게 된다 — 계 21:2.

기도: 주님, 당신은 그리스도이십니다. 당신께 경배합니다. 당신의 경륜, 영원 안에서의 당신의 계획은 당신의 영광을 나타내기 위한 것입니다. 주님, 우리를 부축하시고, 우리에게 하늘로부터 그 영을 주시고, 그 영께 속한 말씀들을 주시기를 기도드립니다. 또한 이곳에 있는 동안 계속해서 새로운 빛과 새로운 계시를 해방해 주시기를 기도드립니다. 아멘.

이 일련의 메시지들의 전체 주제는 "하나님의 유기적인 구원을 체험하는 것은 곧 그리스도의 생명 안에서 왕으로서 다스리는 것임"이다. 우리는 다음 표어들을 이 주제에 대한 요약된 설명으로 사용할 수 있다.

(1) 하나님께서 우리를 거듭나게 하시는 것은 우리가 그분의 신성한 생명을 얻게 하시려는 것이고, 우리를 새롭게 하시는 것은 우리가 그분의 신성한 새 창조물이 되게 하시려는 것이다.

(2) 하나님께서 우리를 거룩하게 하시는 것은 우리가 그분의 거룩한 본성을 갖게 하시려는 것이고, 우리를 변화시키시는 것은 우리가 그분의 신성한 형상을 갖게 하시려는 것이다.

(3) 하나님께서 우리를 그분과 같은 형상을 이루게 하시는 것은 우리가 그분의 신성한 요소를 갖게 하시려는 것이고, 우리를 영광스럽게 하시는 것은 우리가 그분의 신성한 형상을 완전히 갖게 하시려는 것이다.

(4) 우리가 하나님의 유기적인 구원에 의해 그분의 생명 안에서 왕으로서 다스리는 것은 그분의 영원한 경륜을 성취하고 그분의 신성한 목적을 이루기 위한 것이다.

하나님의 유기적인 구원에 대한 첫 번째 장인 이 장에서 우리는 거듭나게 하심과 새롭게 하심의 문제를 보고자 한다. 이러한 말씀들을 전하는 것은 쉬운 일이 아니지만, 각 장에는 그 장의 내용 안으로 들어가도록 도움을 주는 개요가 있다. 그러므로 오늘 나는 메시지를 전하는 방식으로 말하지 않을 것이다. 그보다 나는 개요에 따라서 한 항목씩 말할 것이다. 나는 여러분이 최선을 다해 각각의 요점에서 나를 따라오기를 바란다. 이 개요들에 언급된 각 항목은 하나의 발전이 있는데, 이 발전의 궁극적인 결과는 새 예루살렘이다. 이 새 예루살렘은 과정을 거치시고 완결되신 삼일 하나님과 거듭나고 변화된 세 부분으로 된 사람으로 이루어진, 형언할 수 없는 구성체이다. 결코 새 예루살렘을 물질적인 성이라고 생각하지 말라. 새 예루살렘은 하나님과 사람으로 이루어진, 형언할 수 없는 구성체이다. 그것은 오직 성령의 계시에 의해서만 이해할 수 있을 뿐, 사람의 말로는 표현할 수 없는 것이다.

하나님께서 우리를 거듭나게 하시는 것은 우리가 그분의 신성한 생명을 얻게 하시려는 것임

거듭남은 우리가 신성한 생명 안에서 자라기 위한 기반임

하나님의 유기적인 구원 안에서 하나님은 먼저 우리가 그분의 신성한 생명을 갖도록 우리를 거듭나게 하신다. 우리는 거듭남이 하나님의 구원 전체의 중심이며, 하나님의 구원의 유기적인 방면의 시작이라고 말해 왔다. 오늘 우리는 더 전진하여, 거듭남이 하나님의 유기적인 구원의 기반임을 본다. 이 기반에는 두 방면이 있다. 첫째로, 그것은 우리가 신성한 생명 안에서 자라기 위한 기반이다. 둘째로, 그것은 우리가 신성한 생명 안에서 건축되기 위한 기반이다. 거듭남은 우리의 성장과 건축 모두를 위한 기반이다.

하나님의 영께서 우리의 영 안에서 신성한 생명으로 우리를 거듭나게 하심

거듭남에서 하나님의 영은 우리의 영 안에서 신성한 생명으로 우리를 거듭나게 하신다. 거듭남은 외적인 문제가 아니다. 그것은 사람들이 일반적으로 말하는 것과 같이 '행실을 고치고 개과천선(改過遷善)하는 것'이 아니다. 또한 중국 사람들이 "과거의 모든 것은 어제 죽었고, 앞으로의 모든 것이 오늘 태어났다."라고 말하는 것과 같은 것도 아니다. 이것은 일반적인 중국 격언이지 성경의 계시가 아니다. 거듭남의 실재는 두 영과 관계가 있다. 하나는 하나님의 신성한 영이시자 공기 같은 영이신 그리스도이신 생명 주시는 영이고, 다른 하나는 창조된 우리 사람의 영이다. 우리가 회개하여 주님의 이름 안으로 믿어 들어감으로써 주님을 받아들인 날, 신성한 영이신 그분께서 우리의 영 안으로 들어오셔서 우리의 영을 소생시키셨다. 따라서 우리는 창조된 우리 영 안에서 거듭나게 되었다. 이것이 거듭남의 참된 의미이다. "그 영으로 난 것은 영입니다."(요 3:6) 그 영께서 영을 낳으시는 것이 곧 거듭남의 실재이다. 우리의 영은 거듭나고 살아나게 되었다. 그러므로 우리는 한 무리의 거듭난 사람들이다.

우리가 하나님에게서 태어나 하나님의 종(種)이 되게 하시려는 것임

거듭남은 우리가 하나님에게서 태어나 하나님의 종이 되는 것(요 1:13), 즉 하나님과 똑같은 종류가 되는 것이다. 그러한 개념은 지극히 크고 높고 심오한 것이다. 태초에 우리 사람은 하나님의 형상대로 창조되었고 하나님의 종류에 속하였다. 하지만 우리에게는 여전히 하나님의 생명이나 그분의 신성한 본성이 없었다. 그러나 거듭남을 통해 우리의 영이 그분의 영에 의해 살아나게 되었을 때, 우리는 하나님의 자녀로 태어났다. 요한복음 1장 12절은 "그분을 받아들인 사람들, 곧 그분의 이름을 믿는 모든 사람에게는 하나님의 자녀가 되는 권위를 주셨다."라고 말한다. 하나님의 자녀는 하나님의 종이다. 염소는 염소를 낳고, 소는 소를 낳으며, 사람은 사람을 낳는다. 이와 같이 하나님(God)은 하나님(gods)을 낳는다. 하나님에게서 태어난 우리는 하나님의 종이다. 우리는 신성한 신격에는 참여하지 못하지만, 하나님의 생명과 본성을 가지고 있다. 하나님의 마음의 갈망과 선한 기쁨은 그분의 표현이 되도록 그분의 본성과 생명을 가지고 있는, 정확히 그분과 같은 한 무리의 사람들을 얻는 것이다. 이것이 우리에게 거듭남이 필요한 이유이다. 우리가 거듭날 필요가 있는 것은 우리에게 죄들이 있기 때문이 아니라, 하나님의 갈망이 우리가 그분의 생명을 얻어 정확히 그분과 같게 되는 것이기 때문이다.

*우리가 자신의 타고난 생명에 더하여
하나님의 신성하고도 영원한 생명을 얻게 하시려는 것임*

더욱이 거듭남은 우리가 자신의 타고난 생명에 더하여 하나님의 신성하고도 영원한 생명을 얻는 것을 의미한다(요 3:16, 36상). 이러한 생명은 우리의 영적인 생명과 생활의 근거와 수단이다. 거듭남은 우리가 자신의 행위를 개선하기 위한 것이 아니고, 종교적인 열심을 갖고 독실한 삶을 살기 위한 것도 아니며, 윤리와 도덕에 주의를 기울이기 위한 것도 아니다. 거듭남은 우리가 자신의 타고난 생명에 더하여 하나님의 영원한 생명을 얻기 위한 것이다. 이것은 우리가 본래 가지고 있던 창조된 생명 외에 창조되지 않은 생명 곧 하나님 자신을 얻는 것이다. 이 신성하고도 영원한 생명은 우리의 생활의 근거와 수단이 된다. 오늘날 하나님은 우리의 모든 생활이 이 생명에 근거하고 이 생명에 의해 이루어지기를 갈망하신다.

우리는 거듭남을 통하여 신성한 생명을 받을 뿐 아니라, 거듭남을 기반으로 하여 신성한 생명 안에서 자람

우리는 거듭남을 통하여 신성한 생명을 받을 뿐 아니라, 거듭남을 기반으로 하여 신성한 생명 안에서 자란다.

매일의 점진적인 구원에 이르도록 하나님의 말씀의 젖의 공급으로 양육받음으로써

거듭난 후에 우리는 반드시 매일의 점진적인 구원에 이르도록 하나님의 말씀의 젖의 공급으로 양육받아야 한다(벧전 2:2). 이 점진적인 구원은 우리의 일상생활의 일반적인 상황들, 곧 큰일들과 작은 일들 모두에서 구원받는 매일의 구원이다. 하나님의 유기적인 구원에는 거듭나는 것에서 시작하여 영광스럽게 되는 것에 이르는 긴 과정이 있다. 우리의 거듭남은 시작이다. 그런 다음 우리는 하나님의 말씀 안에 있는 양육하는 젖이신 그리스도를 먹고 자라서 완전한 구원, 곧 영광스럽게 되기 위한 성숙에 이르러야 한다.

타고난 생명을 부인하고 신성한 생명에 의해 삶으로써

이 매일의 구원을 체험하기 위해 우리는 우리의 타고난 생명을 부인하고 신성한 생명에 의해 살아야 한다(마 16:24). 우리 안에는 두 가지 생명이 있는데, 하나는 우리의 타고난 생명이고, 다른 하나는 신성한 생명이다. 우리 모두는 반드시 첫 번째 생명인 우리의 타고난 생명을 부인하고 거절해야 하며, 두 번째 생명인 신성한 생명을 따라 그리고 신성한 생명에 의해 살아야 한다. 우리는 바울이 “이제는 더 이상 내가 사는 것이 아니라, 그리스도께서 내 안에 사십니다.”(갈 2:20)라고 말한 것처럼, 또 다른 생명인 신성한 생명에 의해 살고 행하고 처신해야 한다. 이것이 정상적인 그리스도인의 합당한 삶이다.

거듭남은 우리가 신성한 생명 안에서 건축되기 위한 기반임

거듭남은 우리가 신성한 생명 안에서 자라기 위한 기반일 뿐 아니라 건축되기 위한 기반이다.

우리 안에 있는 신성한 생명이 자라고 증가됨으로써 신성한 생명 안에서 건축됨

거듭난 후에 우리는 우리 안에 있는 신성한 생명이 자라고 증가됨으로써 신성한 생명 안에서 건축되고 있다(골 2:19, 엡 4:15-16). 거듭남은 우리가 신성한 생명 안에서 자라기 위한 것일 뿐 아니라 그리스도의 우주적인 몸으로서 건축되기 위한 것이다. 골로새서 2장 19절은 "온몸은 마디와 힘줄을 통하여 머리로부터 풍성하게 공급을 받고 함께 짜여, 하나님께서 자라심으로 자라는 것입니다."라고 말한다. 우리는 하나님께서 자라심으로 자란다. 우리 안에 있는 하나님의 생명이 자라는 것은 우리 안에 계신 하나님 자신 곧 하나님의 요소가 증가하는 것이다. 그분께서 우리 안에서 증가되실 때 우리는 자란다. 이러한 성장은 우리가 건축되기 위한 것이다.

무한하신 그리스도의 증가와 충만인 그리스도의 몸으로 조성됨

신성한 생명의 성장에 근거한 이러한 신성한 건축 안에서, 그리스도의 형제들이자 지체들(히 2:11, 롬 12:5, 고전 12:27)인 거듭난 믿는 이들은 하나님의 유기적인 구원의 목적을 이루기 위해, 무한하신 그리스도의 증가와 충만인 그리스도의 몸(요 3:30상, 엡 1:23)으로 조성된다.

거듭남을 통해 우리는 그리스도의 형제들과 하나님의 자녀들과 그리스도의 지체들이 되었다. 몸의 지체들과 그리스도의 형제들인 우리는 그리스도의 우주적인 몸으로 조성되고 건축되고 있다. 거듭남을 기반으로 하여 신성한 생명은 우리 안에서 자라고 증가된다. 그 결과 우리는 그리스도의 증가와 충만이 됨으로써 하나님의 유기적인 구원의 궁극적인 목적인 새 예루살렘에 도달할 것이다. 하나님과 사람의 구성체인 새 예루살렘은 말로 표현할 수 없는 것이다.

하나님께서 우리를 새롭게 하시는 것은
우리가 그분의 신성한
새 창조물이 되게 하시려는 것임

거듭나게 하시는 것은 하나님의 유기적인 구원의 기반이고, 새롭게 하시는 것은 하나님의 유기적인 구원의 건축하는 방면이다. 새롭게 하시는 것은 우리가 그분의 신성한 새 창조물이 되게 하시려는 것이다.

하나님께서 우리를 새롭게 하시는 것은
우리가 신성한 새 창조물 안에서 건축되게 하시려는 것임

우리는 신성한 생명과 본성으로 거듭났지만, 여전히 생각이 새로워짐으로써 변화되어야 한다(롬 12:2). 우리의 생각이 새로워질 때 우리 전 존재는 변화된다. 그때 성령은 새로운 어떤 것, 곧 새사람의 신성한 본질을 우리 존재 안으로 분배하신다. 이렇게 하여 우리는 옛 상태에서 완전히 새로운 상태로, 즉 옛 창조물에서 새 창조물의 상태로 바뀌게 된다(딛 3:5).

거듭남을 통하여 우리는 그리스도 안에서 한 새사람으로 창조되었음

거듭남을 통하여 우리는 그리스도 안에서 한 새사람(엡 2:15, 골 3:10)으로, 곧 하나님의 새 창조물(고후 5:17, 갈 6:15)로 창조되었다. 에베소서 2장 15절은 그리스도께서 거듭난 사람들인 우리, 곧 유대인과 이방인을 그분 자신 안에서 한 새사람으로 창조하시기 위해 십자가에서 죽으셨다고 말한다. 그러므로 하나님께서 보시기에 우리는 신성한 새 창조물이다. 고린도후서 5장 17절은 "그러므로 누구든지 그리스도 안에 있으면 새 창조물입니다."라고 말한다. 그리스도 안에 있는 것은 생명과 본성에서 그분과 하나 되는 것이다. 하나님에게서 거듭난 믿는 이들인 우리는 신성한 생명과 본성을 가지고 있는 그리스도 안의 새 창조물이다.

이 새 창조물은 하나님의 옛 창조물에서 나온 것인데, 옛 창조물의 매우 많은 옛 요소들이 새로워짐으로 새롭게 되어야 함

이 새 창조물은 하나님의 옛 창조물에서 나온 것인데, 옛 창조물의 매우 많은 옛 요소들이 새로워짐으로 새롭게 되어야 한다. 새 창조물을 건축하기 위해서는 옛 창조물이 반드시 허물어져야 한다. 날마다 하나님께서 우리 안에서 하시는 일은 옛 창조물을 허물어 버리시고 새 창조물을 건축하시는 것이다. 우리는 이것을 우리 그리스도인 생활 전체에 걸쳐 체험해야 한다.

우리의 생활에서 실지적으로 새롭게 될 필요가 있음

사실에 있어서 새사람의 창조는 그리스도에 의해 십자가에서 완성되었다(엡 2:15). 그러나 새사람의 지체들이 된 후에 우리는 실행에 있어서, 우리의 생활에서 실지적으로 새롭게 됨으로써 그리스도께서 완성하신 것을 우리 자신에게 적용해야 한다. 그럴 때 우리는 신성한 새 창조물 안에서 건축될 수 있다.

하나님께서 우리를 새롭게 하시는 것은 우리가 하나님의 유기적인 구원 안에서 건축되게 하시려는 것임

하나님께서 우리를 새롭게 하시는 것은 우리가 하나님의 유기적인 구원 안에서 건축되게 하시려는 것이다. 이것은 우리를 실지적인 체험 안으로 이끌기 위한 것인데, 왜냐하면 하나님의 유기적인 구원은 전적으로 주관적이며 유기적이기 때문이다.

하나님의 유기적인 구원에서 새롭게 하심은 거듭남의 씻음이 계속되는 것임

하나님의 유기적인 구원에서 거듭남은 씻음이고, 새롭게 하심은 거듭남의 씻음이 계속되는 것이다(딛 3:5). 우리는 온갖 죄로부터 우리를 깨끗하게 해 주는, 주님의 구속하는 피에 의한 법리적인 씻음이 필요할 뿐만 아니라(히 1:3, 요일 1:7), 유기적인 씻음인 거듭남의 씻음이 필요하다.

이러한 씻음은 우리가 다시 태어나는 것으로 시작하여 성령의 새롭게 하심으로 계속된다.

우리는 날마다 하나님의 유기적인 구원을 체험함으로써 유기적인 씻음을 받는다. 거듭남의 씻음은 우리 안에 있는 옛 요소들과 옛 본성과 옛 것들을 씻어 내는 것이며, 성령의 새롭게 하심은 우리 안으로 새로운 요소들과 새로운 본질과 새로운 것들을 나누어 주시는 것이다. 거듭남의 씻음과 성령의 새롭게 하심은 모두 우리가 하나님의 유기적인 구원 안에서 건축될 수 있도록, 새 창조물이 완성될 때까지 우리의 온 일생을 통하여 지속적으로 우리 안에서 수행되고 있다.

하나님의 유기적인 구원에서 새롭게 하심의 수단

하나님의 유기적인 구원에서 그러한 씻음과 새롭게 하심은 다음과 같은 것들에 의해 우리 안에서 지속적으로 수행되고 있다.

새롭게 하시는 영께서 우리의 생각 안으로 확산되심으로써

하나님의 유기적인 구원에서 새롭게 하심은 새롭게 하시는 영(딛 3:5)에 의해 이루어진다. 이 새롭게 하시는 영은 우리의 거듭난 영과 한 영으로 연합되시어, 우리의 생각 안으로 확산되시고(엡 4:22-24) 영원히 새롭고 결코 낡아지지 않는 하나님의 속성들을 우리의 속부분들에 주입하셔서 우리의 전 존재를 새롭게 하신다. 우리의 하나님은 새로움 자체이시다. 우주 안에서 하나님 홀로 새로우시고 그분 외의 모든 것은 낡은 것이다. 영원히 새로우시고 결코 낡아지지 않으시는 이 하나님께서 우리의 전 존재를 새롭게 하시기 위해 그분의 항상 새로운 본질을 우리 안으로 주입하신다.

우리가 신성한 생명의
새로움 안에서 행하는 것에 의해

하나님의 유기적인 구원에서 새롭게 하심은 또한 우리가 그리스도의 부활 안에 있는 신성한 생명의 새로움 안에서 행하는 것에 의해 이루어진다(롬 6:4).

생명의 새로움 안에서 행하기 위해 우리는 한 면에서 옛사람을 벗어 버리는 것이 필요하고, 다른 면에서는 새사람을 입는 것이 필요하다. 옛사람을 벗어 버리는 것은 우리의 옛 자아를 부인하고 포기하는 것이며, 자아에 십자가를 적용하는 것이다. 그뿐 아니라 우리는 새사람을 입어야 한다. 다시 말해서, 예수 그리스도의 영의 넘치는 공급을 통해 그리스도를 살고 확대함으로써, 그리스도께서 새사람을 창조하실 때 성취하신 것들을 적용해야 한다. 이것이 바로 생명의 새로움 안에서 행하는 것의 의미이다. 이 모든 항목들은 새롭게 하시는 영께서 우리 안으로 새로운 본질과 새로운 요소를 나누어 주심으로써 우리를 새롭게 하시기 위한 것이다. 그럴 때 우리는 날마다 새로워질 수 있다.

우리가 환경에서 오는
고난들에 의해 소모됨으로써

하나님의 유기적인 구원에서 새롭게 하심은 또한 우리가 환경에서 오는 고난들에 의해 소모됨으로써 이루어지는데, 이러한 고난들은 날마다 우리의 겉사람을 죽이고 우리의 속사람을 나날이 새롭게 하기 위한 것이다(고후 4:16).

하나님께서 우리를 새롭게 하시는 것은 우리가 외적인 환경에서 오는 고난들에 의해 소모됨으로써 성취된다. 우리에게 있는 고난들은 우리를 새롭게 하기 위해 존재한다. 비록 우리의 겉사람은 썩어 가고 있지만, 우리의 속사람은 나날이 새로워지고 있다. 우리를 새롭게 하시려고 하나님은 하나의 적극적인 목적을 위해, 곧 하나님의 새로운 본질과 새로운 요소를 우리 안으로 분배하시기 위해 온갖 종류의 환경들이 우리에게 임하도록 안배하셨다. 우리는 우리의 겉사람이 썩어 가고 우리의 속사람이 나날이 새로워지는 주관적인 체험을 가져야 한다.

이러한 새롭게 하심을 통해
우리는 궁극적으로 새 예루살렘처럼 새롭게 됨

이러한 새롭게 하심을 통해 우리는 하나님의 유기적인 구원 안에서 건축되어 궁극적으로 새 예루살렘처럼 새롭게 된다(계 21:2).

새 예루살렘은 성경 육십육 권의 궁극적인 결과이자 목표이다. 새 예루살렘에 대하여 우리는 수십 권의 책을 발간했고, 열 곡 이상의 찬송가를 만들었다. 나는 우리가 이 찬송가들을 자주 부르기를 바란다. 이 찬송가들을 부를 때 우리의 영으로 각 단어와 구절을 따라 부른다면, 우리는 신성한 옮겨 부음을 받을 것이다. 이러한 신성한 옮겨 부음은 우리를 새 예루살렘의 한 부분이 되게 할 것이다. 거듭 말하지만, 새 예루살렘이 어떤 물질적인 것이라고 생각하지 말라. 새 예루살렘은 무언가 신성하고, 유기적이고, 영적인 것이다. 그것은 하나님과 사람으로 이루어진 유기적인 구성체이고, 이 구성체가 되기 위해 하나님과 사람은 둘 다 하나의 긴 과정을 통과했다. 그것은 영원토록 우주 안에서 표현되는, 삼일 하나님과 세 부분으로 된 사람의 연합의 총체이다.

나는 이런 종류의 말이 다만 우리가 읽기 위한 것이 아니기를 바란다. 우리는 이러한 것을 날마다 주관적으로 체험함으로써 실지로 옛 창조물에서 나와 새 창조물의 상태 안으로 들어가야 한다. 그러면 궁극적으로 우리는 전적으로 하나님을 위하는 한 무리의 사람들, 곧 온전히 하나님께 속하고 하나님을 위하는 진정한 새 창조물이 될 것이다.

2

하나님의 유기적인 구원(2)

— 거룩하게 하심과 변화시키심

God's Organic Salvation (2)
Sanctification and Transformation

제2장
하나님의 유기적인 구원(2) — 거룩하게 하심과 변화시키심

개요

I. 하나님께서 우리를 거룩하게 하시는 것은 우리가 그분의 거룩한 본성을 갖게 하시려는 것으로, 이것은 하나님의 유기적인 구원의 견고하게 하는 방면이다 — 롬 6:19, 22, 15:16, 벧후 1:4.

A. 이러한 거룩하게 하심은 우리가 하나님의 거룩한 본성 안에서 견고해지게 하시려는 것이다.

1. 하나님은 그분 자신을 위해 우리를 창조하셨지만, 우리는 타락하여 하나님과 분리되었기 때문에 잃어버린 바 되었고 위치와 기질이 범속하게 되었다. 그러므로 하나님은 그분의 완전한 구원 안에서 우리를 위치에서는 법리적으로, 기질에서는 유기적으로 거룩하게 하신다.

a. 법리적이고 위치적인 거룩하게 하심은 그리스도의 구속하는 피를 통해 성취된다 — 히 13:12, 10:29, 고전 1:2, 롬 1:7, 비교 마 23:17.

b. 유기적이고 기질적인 거룩하게 하심은 성령에 의해 하나님의 거룩한 본성으로 수행된다 — 롬 15:16, 6:19, 22, 벧후 1:4.

2. 이로 인해 우리는 하나님의 거룩한 본성 안에서 견고해짐으로써 하나님께 이르도록 거룩하게 된다 — 엡 1:4.

B. 이러한 거룩하게 하심은 우리가 하나님의 유기적인 구원 안에서 견고해지게 하시려는 것이다.

1. 하나님의 유기적인 구원에서 거룩하게 하심은 성령께서 그리스도의 부활 생명의 요소를 가지고 우리의 기질을 거룩하게 하심으로써 수행되는데(롬 15:16), 이것은 구부러지고 비뚤어지고 특이함이 가득한 우리의 타고난 기질이 하나님의 거룩한 본성에 의해 거룩하게 되도록 하기 위한 것이다(벧후 1:4).

2. 이러한 기질상의 거룩하게 하심은 우리의 전 존재가 완전히 거룩하게 되도록 우리의 영에서부터 혼을 거쳐 몸에까지 이른다 — 살전 5:23.

3. 이러한 거룩하게 하심으로 우리는 하나님의 유기적인 구원 안에서 견고해져, 궁극적으로 거룩한 성 새 예루살렘처럼 거룩해진다 — 계 21:2, 10, 22:19.

Ⅱ. 하나님께서 우리를 변화시키시는 것은 우리가 그분의 신성한 형상을 갖게 하시려는 것이다. 이것은 하나님의 유기적인 구원의, 형태를 이루는 방면이다 — 롬 12:2상, 고후 3:18.

A. 이러한 변화시키심은 우리가 신성한 형상 안에서 형태를 이루게 하시려는 것이다.

1. 변화는 외적인 교정이나 조정이 아니라 우리 안에 있는 하나님의 생명의 신진대사적인 작용으로서, 그리스도의 신성한 생명의 요소를 우리 전 존재 안에 더함으로써 우리가 그리스도의 형상을 밖으로 표현하도록 하는 것이다.

2. 하나님은 죽음을 거쳐 부활 안으로 들어가신 하나님의 맏아들 곧 첫 번째 하나님-사람의 생명 요소로 우리를 변화시키시는데, 이러한 변화시키심은 우리가 신진대사적으로 한 단계의 영광에서 더 높은 단계의 영광으로 변화되어 그분과 같

은 형상이 되고, 휴거되고 변형되어 그분의 영광 안으로 들어갈 때까지 계속된다 — 고후 3:18, 빌 3:21.

3. 이것은 하나님-사람의 원형이신 하나님의 맏아들의 대량 재생산을 위한 것으로, 우리가 하나님의 맏아들 곧 하나님-사람이신 그리스도와 똑같이 되도록 신성한 형상 안에서 형태를 이루게 하시려는 것이다.

B. 이러한 변화시키심은 우리가 하나님의 유기적인 구원 안에서 형태를 이루게 하시려는 것이다.

1. 하나님의 유기적인 구원에서 변화는 다음과 같은 수단에 의해 이루어진다.

   a. 우리의 생각이 새로워짐으로써 — 롬 12:2상.

   b. 우리 안에 계시는 주 영(공기 같은 영이신 그리스도)께서 우리를 그리스도의 영광의 형상으로 변화시키심으로써 — 고후 3:18하.

   c. 우리가 너울을 벗은 얼굴로 거울처럼 주님을 바라보고 반사하여 그분을 표현함으로써 — 고후 3:18상.

   d. 우리가 그 영을 따라 살고 행하며(갈 5:16, 25), 연합된 영을 따라 행함으로써(롬 8:4상). 그럴 때 그리스도의 신성한 생명이 우리를 규제하고, 우리를 영광 가운데 계신 주님의 형상으로 변화시킬 길을 얻을 수 있다.

2. 이러한 변화로 인해 우리는 하나님의 유기적인 구원 안에서 형태를 이루게 되고, 하나님의 맏아들이신 그리스도의 형상과 같은 형상을 이루게 된다. 그 결과 우리는 생명과 본성, 내적인 사고, 외적인 표현에서 하나님을 나타내게 된다. 이것은 새 예루살렘으로 완결될 것인데, 새 예루살렘 안에서 우리는 우리의 변화로 인해 하나님 곧 영원 안에서 신성한 영광 가운데 보좌에 앉아 계신 분과 똑같을 것이다. 즉 그분과 우리 모두가 벽옥과 같을 것이다 — 계 4:3상, 21:11, 18상, 19하.

기도: 오, 주님! 당신은 말씀해 오셨고, 당신의 영원한 목적을 이루실 때까지, 새 예루살렘이 나타날 때까지 여전히 말씀하실 것입니다. 우리는 당신께서 이전 그 어느 때보다도 더욱 당신의 일을 강화하시기를 계속 앙망합니다. 여기에 참석한 모든 사람들을 얻어 주십시오! 아멘.

하나님의 유기적인 구원에 관한 두 번째 장인 이 장에서 우리는 거룩하게 하심과 변화시키심의 항목들을 보고자 한다. 하나님의 유기적인 구원의 첫 번째 네 가지 중점은 거듭나게 하심, 새롭게 하심, 거룩하게 하심, 변화시키심이다. 거듭나게 하심은 우리가 하나님의 신성한 생명을 갖게 하는 것이고, 새롭게 하심은 우리가 그분의 신성한 새 창조물이 되게 하는 것이며, 거룩하게 하심은 우리가 그분의 거룩한 본성을 갖게 하는 것이고, 변화시키심은 우리가 그분의 신성한 형상을 갖게 하는 것이다. 그러므로 우리는 첫째로 그분의 신성한 생명을 갖고, 둘째로 신성한 새 창조물이 되며, 셋째로 거룩한 본성을 갖고, 넷째로 신성한 형상을 갖는다. 이것이 바로 하나님의 유기적인 구원이 우리 안에서 성취할 것들이다.

하나님은 우리가 그분의 신성한 생명을 갖도록 우리를 거듭나게 하신다. 이것은 하나님의 유기적인 구원의 기반이다. 하나님은 우리가 그분의 신성한 새 창조물이 되도록 우리를 새롭게 하신다. 이것은 하나님의 유기적인 구원의 건축하는 방면이다. 하나님은 우리가 그분의 거룩한 본성을 갖도록 우리를 거룩하게 하신다. 이것은 하나님의 유기적인 구원의 견고하게 하는 방면이다. 하나님은 우리가 그분의 신성한 형상을 갖도록 우리를 변화시키신다. 이것은 하나님의 유기적인 구원의, 형태를 이루는 방면이다.

하나님께서 우리를 거룩하게 하시는 것은 우리가 그분의 거룩한 본성을 갖게 하시려는 것임

하나님께서 우리를 거룩하게 하시는 것은 우리가 그분의 거룩한 본성을 갖게 하시려는 것이다. 이것은 하나님의 유기적인 구원의 견고하게 하는 방면이다(롬 6:19, 22, 15:16, 벧후 1:4).

이러한 거룩하게 하심은 우리가 하나님의 거룩한 본성 안에서 견고해지게 하시려는 것임

하나님께서 우리를 거룩하게 하시는 것은 우리가 하나님의 거룩한 본성 안에서 견고해지게 하시려는 것이다. 하나님께서 우리를 거룩하게 하시는 것은 하나님의 유기적인 구원 안에서 매우 중요하고 특별한 항목이다. 하나님은 그분 자신이 거룩하실 뿐 아니라 우리를 거룩하게 하기를 원하신다. 궁극적으로 그분은 우리를 거룩한 성 새 예루살렘으로 만들기 원하신다. 우주 안에서 하나님이 곧 거룩함이시다. 사람들은 하나님을 접촉할 때마다 거룩함을 만진다(비교 사 6:2-3, 계 4:8). 그러므로 하나님의 유기적인 구원 안에서 하나님의 의도는 우리를 그분의 거룩한 본성으로 조성시켜서 그리스도의 몸이 되게 하고, 궁극적으로는 견고하게 세워진 거룩한 성 새 예루살렘으로 나타나게 하는 것이다.

하나님은 그분의 완전한 구원 안에서 우리를 위치에서는 법리적으로, 기질에서는 유기적으로 거룩하게 하심

하나님은 그분 자신을 위해 우리를 창조하셨지만, 우리는 타락하여 하나님과 분리되었기 때문에 잃어버린 바 되었고 위치와 기질이 범속하게 되었다. 그러므로 하나님은 그분의 완전한 구원 안에서 우리를 위치에서는 법리적으로, 기질에서는 유기적으로 거룩하게 하신다.

법리적이고 위치적인 거룩하게 하심은 그리스도의 구속하는 피를 통해 성취된다(히 13:12, 10:29, 고전 1:2, 롬 1:7, 비교 마 23:17). 유기적이고 기질적인 거룩하게 하심은 성령에 의해 하나님의 거룩한 본성으로 수행된다(롬 15:16, 6:19, 22, 벧후 1:4).

이로 인해 우리는
하나님의 거룩한 본성 안에서 견고해짐으로써
하나님께 이르도록 거룩하게 됨

하나님의 거룩하게 하심에는 두 방면, 곧 법리적인 방면과 유기적인 방면이 있다. 이로 인해 우리는 하나님의 거룩한 본성 안에서 견고해짐으로써 하나님께 이르도록 거룩하게 된다(엡 1:4). 이처럼 하나님께 이르도록 거룩하게 되는 것은 전적으로 하나님께 거룩하게 분별된 거룩한 성 새 예루살렘이 되는 것이다.

이러한 거룩하게 하심은
우리가 하나님의 유기적인 구원 안에서
견고해지게 하시려는 것임

하나님은 우리를 거듭나게 하시고 새롭게 하실 뿐 아니라 거룩하게 하시는데, 이것은 우리가 하나님의 유기적인 구원 안에서 견고해지게 하시려는 것이다.

그리스도의 부활 생명의 요소를 가지고

하나님의 유기적인 구원에서 거룩하게 하심은 성령께서 그리스도의 부활 생명의 요소를 가지고 우리의 기질을 거룩하게 하심으로써 수행되는데(롬 15:16), 이것은 구부러지고 비뚤어지고 특이함이 가득한 우리의 타고난 기질이 하나님의 거룩한 본성에 의해 거룩하게 되도록 하기 위한 것이다(벧후 1:4).

우리의 전 존재가 완전히 거룩하게 됨

이러한 기질상의 거룩하게 하심은 우리의 전 존재가 완전히 거룩하게 되도록 우리의 영에서부터 혼을 거쳐 몸에까지 이른다(살전 5:23). 이것은 부분적인 거룩하게 하심이 아니다. 우리 사람은 세 부분, 곧 영과 혼과 몸으로 되어 있다. 하나님은 먼저 거듭나게 하심을 통해 우리의 영을 점유하심으로써 우리를 거룩하게 하신다. 다음으로 생명 주시는 영이신 하나님 자신을 우리의 영에서 혼 안으로 확장시켜 혼을 적시시고 변화시키심으로써 우리를 거룩하게 하신다. 마지막으로 우리의 혼을 통과하여 우리의 죽을 몸을 소생시키시고, 그분의 생명 능력으로 몸을 변형시키시며, 그리스도의 영광의 몸과 같은 형상을 이루게 하심으로써 우리를 거룩하게 하신다. 그러므로 영과 혼과 몸을 포함한 우리의 전 존재가 완전히 거룩하게 된다.

거룩한 성 새 예루살렘처럼 거룩해짐

이러한 거룩하게 하심으로 우리는 하나님의 유기적인 구원 안에서 견고해져, 궁극적으로 거룩한 성 새 예루살렘처럼 거룩해진다(계 21:2, 10, 22:19).

하나님께서 우리를 변화시키시는 것은 우리가 그분의 신성한 형상을 갖게 하시려는 것임

하나님께서 우리를 변화시키시는 것은 우리가 그분의 신성한 형상을 갖게 하시려는 것이다. 그분의 신성한 형상을 갖는 것은 하나님의 유기적인 구원 안에서 형태가 이루어지는 것이다(롬 12:2상, 고후 3:18). 하나님의 유기적인 구원은 형태가 있는 어떤 것, 즉 볼 수 있는 어떤 것을 산출하는 것이다. 그러므로 하나님의 구원 안에는 형태를 이루는 방면이 있다.

우리가 신성한 형상 안에서 형태를 이루게 하시려는 것임

하나님의 변화시키심은 우리가 신성한 형상 안에서 형태를 이루게 하시려는 것이다. 우리는 거듭남으로 하나님의 신성한 생명을 받았을 뿐 아니라, 그분의 신성한 새 창조물이 되도록 새롭게 되고 있다. 그러나 새 창조물이 되는 것으로는 충분하지 않다. 우리는 그분의 신성한 본성을 갖도록 여전히 거룩하게 되어야 한다. 나아가 신성한 형상 안에서 형태가 이루어지도록 하나님에 의해 변화되어야 한다. 우리는 내적으로 하나님의 본성을 가질 뿐 아니라 외적으로 그분의 형상을 지니는데, 이것은 구체적이고 볼 수 있는 어떤 것이다.

변화는 신진대사적인 작용임

변화는 외적인 교정이나 조정이 아니라 우리 안에 있는 하나님의 생명의 신진대사적인 작용으로서, 그리스도의 신성한 생명의 요소를 우리 전 존재 안에 더함으로써 우리가 그리스도의 형상을 밖으로 표현하도록 하는 것이다. 그리스도의 형상을 표현하는 것은 새 예루살렘을 표현하는 것이다.

변화는 하나님의 유기적인 구원에서 매우 중요한 항목이다. 바울은 그의 서신서들에서 적어도 두 번 '변화되다'라는 단어를 사용한다. 첫 번째는 로마서 12장 2절인데, 이 절은 우리가 생각이 새로워짐으로 변화되어야 한다고 말한다. 두 번째는 고린도후서 3장 18절인데, 이 절은 우리 모두가 너울을 벗은 얼굴로 거울처럼 주님의 영광을 바라보고 반사함으로써 그분과 동일한 형상으로 변화되고 있다고 말한다.

불행하게도 대부분의 그리스도인들이 '변화되다'라는 단어에 주의를 기울이지 않는다. 혹은 그 단어를 읽었다 해도 그 참된 의미를 이해하지 못한다고 할 수 있다. 게다가 그들은 '변화(transformation)'라는 단어와 우리가 일반적으로 '바뀜(change)'이라고 일컫는 단어와의 차이를 구별하지 못한다. 변화를 통해 나타나는 것이 외적으로 볼 수 있는 형상이기는 하다. 그렇지만 변화는 외적으로 교정하고 조정하는 것이 아니라, 우리 안에 있는 하나님의 생명의 신진대사적인 작용이다. 어떤 종류의 생명이 어떤 종류의 기능을 산출한다. 가령 어떤 사람이 영양이 부족하고 마르고 아파 보인다고 하자. 이러한 사람은 단지 얼굴에 화장을 조금 한다고 해서 자신의 상태를 나아지게 할 수 없다. 그것은 외적으로 교정하고 조정하는 것이며, 그러한 것은 참된 효과가 없다. 그의 참된 필요는 자신 안으로 어느 정도의 영양분을 섭취하는 것이다. 그 영양분이 그 사람 안에서 신진대사의 기능을 활성화한다. 그 결과 어느 정도 시간이 흐른 뒤 그를 다시 볼 때, 그의 안색이 좋아진 것을 알 수 있다. 그러나 이것은 외적으로 화장을 해서 된 것이 아니다. 이것은 그 사람 안에 있는 생명의 신진대사의 결과이다.

이 신진대사적인 작용은 한편으로 그리스도의 신성한 생명의 요소를 우리 전 존재 안에 더하며, 다른 한편으로 우리 안에서부터 낡고 부정적인 것들을 배출한다. 결과적으로 우리의 내적인 본성뿐 아니라 외적인 형상도 바뀌게 된다. 그 결과 우리는 그리스도의 형상을 표현하게 된다. 이 그리스도의 형상은 무엇인가? 궁극적으로 이 그리스도의 형상은 새 예루살렘이다. 변화는 우리가 새 예루살렘이 되는 것으로 귀결된다.

하나님은 우리를 하나님의 맏아들의 생명 요소로 변화시키심

하나님은 죽음을 거쳐 부활 안으로 들어가신 하나님의 맏아들 곧 첫 번째 하나님-사람의 생명 요소로 우리를 변화시키시는데, 이러한 변화시키심은 우리가 신진대사적으로 한 단계의 영광에서 더 높은 단계의 영광으로 변화되어 그분과 같은 형상이 되고, 휴거되고 변형되어 그분의 영광 안으로 들어갈 때까지 계속된다(고후 3:18, 빌 3:21).

영원 과거부터 하나님의 의도는 우리를 변화시키시는 것이었다. 그러나 만약 하나님께서 단지 영원 안에 계신 하나님으로만 남아 계셨다면 우리를 변화시키실 어떤 길도 갖지 못하셨을 것이다. 우리를 변화시키시기 위해 하나님은 과정을 거치셔야 했다. 삼일 하나님은 어떤 과정들을 통과하셨다. 그분은 더 이상 다만 영원 과거의 신성을 지니신 하나님이 아니시다. 그분은 자신의 마음의 갈망에 따라 그리고 영원 안에서 신성한 삼일성에 의해 결정된 의결에 따라, 어느 날 신성한 삼일성의 두 번째를 인성 안으로 보내셨다. 그분은 하나님-사람이 되기 위해 인성을 입으셨을 뿐 아니라 인생과 죽음과 부활을 통과하셨다. 그때 부활 안에서 그분은 하나님의 맏아들이 되셨다. 그러한 분으로서 그분은 부활 안에 있는 그분의 신성한 생명 요소로 우리를 신진대사적으로 변화시키실 수 있다.

이 신진대사적인 변화는 빠르게 수행될 수 있는 일이 아니다. 우리는 하나님의 맏아들의 생명 요소에 의해 신진대사적으로 변화되고 있고, 이로 인해 그분의 신성한 형상을 갖게 될 것이다. '변화되고 있다'라는 것은 우리가 변화의 과정, 곧 생명 안의 과정인 유기적인 과정에 있다는 것을 가리킨다. 오늘날 이 신진대사적인 변화의 과정 안에서 우리는 한 단계의 영광에서 더 높은 단계의 영광으로 변화되고 있다. 이러한 변화는 우리 몸이 변형되고 우리가 영광 안으로 휴거될 때까지 계속될 것이다. 이것이 우리의 변화의 완결일 것이다.

원형이신 하나님의 맏아들의 대량 재생산을 위해

하나님께서 우리를 변화시키시는 것은 하나님-사람의 원형이신 하나님의 맏아들의 대량 재생산을 위한 것으로, 우리가 하나님의 맏아들 곧 하나님-사람이신 그리스도와 똑같이 되도록 신성한 형상 안에서 형태를 이루게 하시려는 것이다.

우리는 신성한 형상 안에서 형태가 이루어질 때 새 예루살렘이 된다. 그러므로 새 예루살렘은 하나님의 맏아들의 대량 재생산이다. 이것이 바로 하나님께서 그분의 경륜 안에서 갖고 계신 최고의 목적이다. 한 면에서 그분은 원형이 되시기 위해 과정을 통과하시어 하나님의 맏아들이 되셨다. 다른 면에서 그분은 우리를 변화의 과정 안으로 이끄셨는데, 그것은 우리가 원형이신 그분의 대량 재생산이 되게 하셔서 궁극적으로 새 예루살렘이 되게 하시려는 것이다.

이러한 변화시키심은 우리가 하나님의 유기적인 구원 안에서 형태를 이루게 하시려는 것임

하나님께서 우리를 변화시키시는 것은 우리가 신성한 형상 안에서뿐만 아니라 하나님의 유기적인 구원 안에서 형태를 이루게 하시려는 것이다.

하나님의 유기적인 구원에서 변화는 다음과 같은 수단에 의해 이루어짐

우리의 생각이 새로워짐으로써

하나님의 유기적인 구원 안에서 변화는 우리의 생각이 새로워짐으로써 이루어진다. 로마서 12장 2절 상반절은 "여러분은 이 시대를 본받지 마십시오. 오직 여러분은 생각이 새로워짐으로 변화되어"라고 말한다. 변화는 우리의 생각이 새로워지는 것으로 시작된다. 생각은 혼을 주도하는 부분인데, 그것이 새로워지는 만큼 혼의 다른 부분들인 의지와 감정도 자연히 뒤따라 새로워진다. 새로워진다는 것은 새로운 요소가 우리 존재 안에 일해 넣어지는 것을 의미한다. 이것은 내적으로 신진대사적인 변화를 산출한다.

우리 안에 계시는 주 영께서 우리를
그리스도의 영광의 형상으로 변화시키심으로써

하나님의 유기적인 구원 안에서 변화는 또한 우리 안에 계시는 주 영

(공기 같은 영이신 그리스도)께서 우리를 그리스도의 영광의 형상으로 변화시키심으로써 이루어진다(고후 3:18하).

고린도후서 3장 18절은 '하나님의 영'이라고 말하지 않고 '주 영'이라고 말한다. 우리는 하나님의 창조에서 하나님의 영을 본다(창 1:2). 그러나 그분께서 단지 하나님의 영에 불과하시다면 우리를 변화시키실 수 없을 것이다. 주 영은 과정을 거치시고 완결되신 분, 즉 부활 안에 계신 공기 같은 영이신 그리스도이시다. 그러므로 '주 영'은 복합적인 칭호이다. 그분은 주님과 그 영 모두이시다. 오늘날 이 영은 과정을 거치신 삼일 하나님, 부활 안에서 영광스럽게 되신 분, 곧 주 영이시다. 이 주 영, 곧 부활 안에 계신 공기 같은 영이신 그리스도는 더 이상 단순히 신성만 가지고 계신 하나님의 영이 아니시다. 그분은 과정을 거치셨고, 그 과정의 모든 요소들을 가지신 모든 것을 포함하신 분이 되셨다. 주 영께서 신성과 인성 및 그분께서 통과하신 과정들의 모든 요소들을 소유하고 계시기 때문에, 그분은 우리를 그리스도의 영광스러운 형상으로 변화시키실 수 있다. 변화의 과정 안에서 우리에게 필요한 요소들은 주 영에게서 온다. 하나님은 우리를 변화시키시기 위해 과정을 거치셔서 주 영이 되셨다.

우리가 너울을 벗은 얼굴로
주님을 바라보고 반사함으로써

실행에 있어서 우리는 너울을 벗은 얼굴로 거울처럼 주님을 바라보고 반사하여 그분을 표현해야 한다(고후 3:18상).

이러한 변화를 가지려면 먼저 우리의 옛 관념들의 너울이 제거될 필요가 있다. 종종 우리에게는 우리가 변화되지 못하도록 방해하는 너무나 많은 너울들이 있다. 그러나 언제든지 우리의 마음을 주님께로 돌이키기만 하면 그 너울이 벗어진다. 그럴 때 우리는 너울을 벗은 얼굴로 주님을 바라볼 수 있고, 그 결과 거울처럼 그분을 반사할 수 있다. 이렇게 함으로써 우리는 그분과 동일한 형상으로 변화되어 한 단계의 영광에서 또 다른 단계의 영광에 이르러 그분을 표현한다.

우리가 그 영을 따라 살고 행하며, 연합된 영을 따라 행함으로써

실행에 있어서 우리는 또한 그 영을 따라 살고 행하며(갈 5:16, 25), 연합된 영을 따라 행해야 한다(롬 8:4상). 그럴 때 그리스도의 신성한 생명이 우리를 규제하고, 우리를 영광 가운데 계신 주님의 형상으로 변화시킬 길을 얻을 수 있다.

하나님의 유기적인 구원 안에서 변화의 열쇠는 전적으로 연합된 영, 곧 우리의 영과 함께하시는 그 영 안에 있다. 삼일 하나님은 과정을 거치셔서 주 영이 되셨고, 우리 안에 계신 이 영은 우리의 거듭난 영과 연합되셨다. 그러므로 우리는 연합된 영을 따라 행하는 것을 실행해야 한다. 그럴 때 그리스도의 신성한 생명은 우리를 규제하여, 영광 가운데 계신 주님과 같은 형상이 되도록 우리를 변화시킬 수 있다.

이러한 변화로 인해 우리는 하나님의 맏아들이신 그리스도의 형상과 같은 형상을 이루어 하나님을 나타내게 됨

이러한 변화로 인해 우리는 하나님의 유기적인 구원 안에서 형태를 이루게 되고, 하나님의 맏아들이신 그리스도의 형상과 같은 형상을 이루게 된다. 그 결과 우리는 생명과 본성, 내적인 사고, 외적인 표현에서 하나님을 나타내게 된다. 이것은 새 예루살렘으로 완결될 것인데, 새 예루살렘 안에서 우리는 우리의 변화로 인해 하나님 곧 영원 안에서 신성한 영광 가운데 보좌에 앉아 계신 분과 똑같을 것이다. 즉 그분과 우리 모두가 벽옥과 같을 것이다(계 4:3상, 21:11, 18상, 19하).

성경이 결론으로 제시하는 것은 벽옥이다. 이 벽옥은 과정을 거치신 삼일 하나님과, 변화시키시는 영을 통해 변화된 믿는 이들의 연합에서 나온다. 하나님께서 우주를 창조하신 목적은 그러한 벽옥을 산출하는 것이다. 오늘날 하나님의 경륜을 아는 모든 이들은 이 벽옥을 갖고자 하며, 우리 역시 이 벽옥을 원한다. 바울은 이 보물, 이 벽옥을 얻기 위해 가장 큰 대가를 지불했다. 그럴 뿐 아니라 그는 심지어 이 벽옥의 일부분이 되었다. 이것은 어떠한 비밀인가! 이것이 하나님의 구원의 궁극적인 목적이다. 다시 말해서, 그것은 하나님께서 영원 안에서 선택하신 모든 사람이 신성한 영광 가운데 계신 그분과 완전히 같게 되는 정도까지 그분께서 그들에게 일하셔서, 하나님의 영원한 확대와 표현을 위해 벽옥이신 하나님의 영광스러운 형상을 표현하게 하시는 것이다.

3

하나님의 유기적인 구원(3) — 같은 형상을 이루게 하심과 영광스럽게 하심

God's Organic Salvation (3)
Conformation and Glorification

제3장
하나님의 유기적인 구원(3)
— 같은 형상을 이루게 하심과 영광스럽게 하심

개요

Ⅰ. 하나님께서 우리를 그분과 같은 형상을 이루게 하시는 것은 우리가 그분의 신성한 요소를 갖게 하시려는 것으로, 하나님의 유기적인 구원의 구체화하는 방면이다 — 롬 8:29, 요일 3:2.

A. 하나님께서 우리를 그분과 같은 형상을 이루게 하시는 것은 우리가 그분의 신성한 요소를 소유하는 것을 구체화하시려는 것이다.

1. 하나님의 의도는 우리가 그분의 신성한 생명과 본성과 형상에서 그분의 표현으로서 그분의 신성한 요소를 갖는 것이지만, 우리는 그분의 신격에는 참여할 수 없다.

2. 하나님께서 그분의 신성한 생명으로 우리를 거듭나게 하시는 것은 우리가 그분의 신성에 참여하여 그분의 신성한 요소를 갖기 시작하게 하시려는 것이다.

3. 거듭난 후에 우리는 신성한 새롭게 하심과 거룩하게 하심과 변화시키심에 의해 자라기 시작한다. 그리하여 신성한 생명 안에서 성숙하여 충분히 성장한 사람에 이르게 되고 그리스도의 충만의 신장의 분량에 이르게 되어(골 1:28, 엡 4:13),

하나님의 맏아들이신 그리스도와 같은 형상을 이루게 된다 (롬 8:29).

4. 그러므로 우리가 그분과 같은 형상을 이루는 것은 신성한 생명 안에서 성숙하는 것이다. 그분과 같은 형상을 이루는 것을 통해 우리는 하나님의 신성에 완전히 참여하며 우리가 그분의 신성한 요소를 소유하는 것이 구체화된다.

B. 하나님은 우리를 그분과 같은 형상을 이루게 하심으로 우리가 그분의 유기적인 구원을 체험하는 것을 구체화하신다.

1. 하나님의 유기적인 구원 안에서 같은 형상을 이루는 것은 우리가 생명 안에서 변화되는 것(고후 3:18)의 완결이며, 또한 몸의 변형과 영광스럽게 됨이 있기 전에 우리가 준비되는 것이다.

2. 같은 형상을 이루는 것은 하나님의 맏아들과 같은 형상을 이루는 것이다.

a. 같은 형상을 이루는 것은 그리스도의 부활 능력을 통해 모든 일에서 그분의 죽음과 같은 형상을 이루는 것이다 — 빌 3:10.

b. 같은 형상을 이루는 것은 예수 그리스도의 영의 넘치는 공급을 통해, 그리스도를 확대하기 위해 그리스도를 사는 것이다 — 빌 1:19–21상.

3. 이렇게 같은 형상을 이루는 것은 우리를 하나님의 맏아들의 복사판이 되게 하여, 우리가 그분과 똑같이 되고 의와 거룩함에서 하나님과 똑같이 되게 한다 — 요일 3:2, 엡 4:24.

Ⅱ. 하나님께서 우리를 영광스럽게 하시는 것은 우리가 그분의 신성한 형상을 완전히 갖게 하시려는 것으로, 하나님의 유기적인 구원의 완결시키는 방면이다 — 롬 8:30, 23, 엡 4:30, 빌 3:21, 골 3:4하, 벧전 5:10상, 딤후 2:10, 히 2:10.

A. 하나님께서 우리를 영광스럽게 하시는 것은 우리가 그분의 신성한 형상을 소유하는 것의 완결에 이르게 하시려는 것이다.

1. 우리가 거듭날 때 하나님은 그분의 영으로 우리에게 도장 찍으셨다(엡 1:13). 우리 안에 들어오시는 삼일 하나님 자신이신 이 도장 찍으시는 영은 우리로 도장으로 상징되는 하나님의 형상을 지니게 하시어 우리를 하나님과 같게 만드신다.
2. 도장 찍으시는 영의 이 도장 찍음은 잉크로 적시는 것과 같이 우리의 일생 동안 하나님의 영광스러운 생명 요소로 우리를 속에서부터 적시어 우리 몸의 구속(엡 4:30, 롬 8:23)이라는 결과를 가져오고, 이로써 우리 전 존재가 하나님의 신성한 형상을 지니게 한다.
3. 우리는 신성한 생명 안에서 성숙되어 휴거될 때, 우리의 영광스럽게 됨을 위해 외적으로 하나님의 영광 안으로 이끌려 들어갈 것이다 — 롬 8:30, 히 2:10.
4. 그러므로 우리는 내적으로는 일생 동안 하나님의 영광으로 적셔짐을 통해, 외적으로는 하나님의 영광 안으로 이끌려 들어감을 통해 영광스럽게 될 것이다. 이러한 영광스럽게 됨에 의해 우리는 하나님의 신성한 형상을 소유하는 것의 완결에 이를 것이다.

B. 하나님은 우리를 영광스럽게 하심으로 하나님의 유기적인 구원을 체험하는 것의 완결에 이르게 하신다.

1. 하나님의 유기적인 구원에서 우리 안에서 이루어지는 그분의 영광스럽게 하심은 그분께서 우리를 영광의 생명으로 거듭나게 하심으로 시작된다.
2. 우리를 거듭나게 하신 후에 하나님은 그분의 생명의 영광이 우리 존재를 적시어 우리 몸에서 나타날 때까지, 새롭게 하시고 거룩하게 하시고 변화시키시고 같은 형상을 이루게 하시는 그분의 일을 한 단계 한 단계 계속하시면서 영광이신 그분 자신을 우리에게 옮겨 부으신다. 이렇게 해서 우리 안에서 이루어지는 그분의 영광스럽게 하심이 완결에 이른다.

3. 우리가 영광스럽게 되는 것은 하나님의 유기적인 구원 안에 있는 신성한 아들들의 자격의 최상의 몫이다 — 갈 4:5, 롬 8:23.

4. 하나님의 유기적인 구원의 완결은 새 예루살렘, 곧 신성과 인성이 연결되고 연합됨으로써 이루어지는 우주적인 합병체로서, 과정을 거치시고 완결되신 삼일 하나님께서, 거듭나고 새롭게 되고 거룩하게 되고 변화되고 그분과 같은 형상을 이루고 영광스럽게 된 세 부분으로 된 그분의 선민과 합병되신 것이다.

앞의 두 장에서 하나님의 유기적인 구원의 첫 번째 네 항목인 거듭나게 하심, 새롭게 하심, 거룩하게 하심, 변화시키심을 보았다. 하나님의 유기적인 구원에 대한 세 번째 장인 이번 장에서는 같은 형상을 이루게 하심과 영광스럽게 하심의 항목들을 보는 데로 나아갈 것이다.

하나님께서 우리를 그분과 같은 형상을 이루게 하시는 것은 우리가 그분의 신성한 요소를 갖게 하시려는 것임

하나님께서 우리를 거듭나게 하시는 것은 그분의 유기적인 구원의 기반이고, 새롭게 하시는 것은 그분의 유기적인 구원의 건축하는 방면이며, 거룩하게 하시는 것은 그분의 유기적인 구원의 견고하게 하는 방면이고, 변화시키시는 것은 그분의 유기적인 구원의, 형태를 이루는 방면이며, 우리가 그분의 신성한 요소를 갖도록 그분께서 우리를 그분과 같은 형상을 이루게 하시는 것은 그분의 유기적인 구원의 구체화하는 방면이다(롬 8:29, 요일 3:2).

과거에 우리가 같은 형상을 이루는 것에 대해 말했을 때 그 강조점은 형상에 있었다. 이번에 주님께서 우리에게 보여 주신 것은, 하나님께서 우리를 그분과 같은 형상을 이루게 하시는 것은 우리가 그분의 신성한 요소를 갖게 하시려는 것이라는 점이다. 같은 형상을 이루는 것은 신성한 형상과 관련될 뿐 아니라 신성한 요소와도 관련된다. 단지 밖의 형상을 갖는 것으로는 충분하지 않다. 하나님은 우리가 외적으로 그분의 형상을 가질 뿐 아니라 내적으로 그분의 요소를 갖기를 원하신다. 어떤 사람의 사진은 그 사람의 요소는 없이 그 사람의 형상만을 지닌다. 신성한 생명으로 하나님에 의해 거듭난 사람들인 우리는 단지 하나님의 사진들이 아니다. 오히려 우리는 그분의 재생산이다. 그러한 사람들로서 우리는 외적으로 그분의 형상을 가질 뿐 아니라 내적으로 그분의 신성한 생명과 본성과 함께 그분의 신성한 요소를 갖는다. 요소 없이 형상만을 갖는 것은 공허한 것이다. 우리는 같은 형상을 이루는 문제의 강조점이 신성한 형상뿐만 아니라 신성한 요소에 있다는 것을 반드시 보아야 한다.

하나님께서 우리를 그분과 같은 형상을 이루게 하시는 것은 우리가 그분의 신성한 요소를 소유하는 것을 구체화하시려는 것임

우리가 거듭났을 때 하나님의 신성한 생명이 그분의 신성한 요소와 함께 우리 안으로 들어왔다. 그것이 시작이기는 했으나 단지 적은 양의 신성한 요소만이 있었을 뿐이다. 즉 우리가 하나님의 요소를 소유하는 것을 구체화할 정도에 이르기에는 부족했다. 거듭난 후에 우리는 신성한 요소가 지속적으로 증가하도록 더욱 전진해야 한다. 이럴 때 우리는 새롭게 되고 거룩하게 되고 변화되어 신성한 요소가 구체화되는 정도에까지 이르게 된다. 그분과 같은 형상을 이룬다는 것은 이것을 가리킨다.

하나님의 의도는 우리가 그분의 신성한 요소를 갖는 것임

하나님의 의도는 우리가 그분의 신성한 생명과 본성과 형상에서 그분의 표현으로서 그분의 신성한 요소를 갖는 것이지만, 우리는 그분의 신격에는 참여할 수 없다. 하나님의 의도는 우리가 단지 그분의 생명을 가지고 그분의 본성과 형상에 참여하는 것만이 아니라, 그분의 생명과 본성과 형상을 가짐으로써 그분의 신성한 요소를 갖는 것이다. 첫 사람인 아담이 창조되었을 때 그는 신성한 형상을 갖고 있었다(창 1:26-27). 그러나 그에게는 아직 신성한 요소가 없었다. 그러므로 하나님은 신성한 형상을 갖고 있던 이 사람을 즉시 생명나무로 이끄셨다(창 2:9). 사람은 생명나무로 상징되신 하나님 자신을 받아들임으로써 하나님을 그의 요소로서 받아들일 수 있었다. 따라서 우리는 단지 외적으로 신성한 형상을 갖는 것으로는 충분하지 않다는 것을 본다. 우리는 여전히 내적으로 하나님의 신성한 요소를 갖는 것이 필요하다.

거듭남을 통해 우리는 하나님의 신성에 참여함으로 그분의 신성한 요소를 갖기 시작함

하나님께서 그분의 신성한 생명으로 우리를 거듭나게 하시는 것은 우리가 그분의 신성에 참여하여 그분의 신성한 요소를 갖기 시작하게 하시려는 것이다. 하나님은 우리가 그분의 신성한 생명을 갖도록 우리를 거듭나게 하신다. 이것은 하나님의 유기적인 구원의 기반이고, 우리가 하나님의 신성에 참여하기 시작하는 것이다. 거듭난 후에 우리는 여전히 자랄 필요가 있다. 그러므로 우리는 신성한 생명 안에서 성숙하기까지 하나님의 새롭게 하심과 거룩하게 하심과 변화시키심이 필요하다. 더 나아가 하나님의 유기적인 구원에서 같은 형상을 이루게 하시는 단계가 필수적이다. 거듭남, 새롭게 됨, 거룩하게 됨, 변화됨뿐 아니라 같은 형상을 이룸이 있다. 같은 형상을 이룸이 없다면, 신성한 생명이 우리 안으로 들어왔을지라도 구체화되고 성숙되는 정도에는 이르지 못한 것이다. 따라서 거듭남 이후에 우리는 반드시 생명의 성장을 추구해야 한다. 새롭게 됨, 거룩하게 됨, 변화됨은 우리가 생명 안에서 성장하는 것이다.

우리는 성숙하여 하나님의 맏아들이신 그리스도와 같은 형상을 이루기까지 신성한 새롭게 하심과 거룩하게 하심과 변화시키심에 의해 자람

거듭난 후에 우리는 신성한 새롭게 하심과 거룩하게 하심과 변화시키심에 의해 자라기 시작한다. 그리하여 신성한 생명 안에서 성숙하여 충분히 성장한 사람에 이르게 되고 그리스도의 충만의 신장의 분량에 이르게 되어(골 1:28, 엡 4:13), 하나님의 맏아들이신 그리스도와 같은 형상을 이루게 된다(롬 8:29).

그리스도의 충만은 그리스도의 몸이다. 그리스도의 몸은 비어 있거나 형체가 없는 어떤 것이 아니다. 오히려 그것은 그 너비와 길이와 높이와 깊이에서 충만의 신장의 분량이 있는 유기체이다. 하나님께서 우리를 거듭나게 하셔서 우리가 그분의 신성한 요소를 갖기 시작하도록 하신 것에 대해 주님께 감사드린다. 이것에 이어 우리는 여전히 하나님의 유기적인 구원 안에서 건축되고, 견고하게 되고, 형태를 이룰 필요가 있다. 그러나 우리가 변화를 통해 형태가 이루어진 후에라도 여전히 충분하지 않다. 우리는 신성한 생명 안에서 성숙하여 충분히 성장한 사람이 되기까지 계속해서 자랄 필요가 있다. 그럴 때 우리는 그리스도의 충만의 신장의 분량에 이르러 하나님의 맏아들이신 그리스도와 같은 형상을 이룰 수 있다.

우리는 그분과 같은 형상을 이루는 것을 통해 하나님의 신성에 완전히 참여함

그러므로 우리가 그분과 같은 형상을 이루는 것은 신성한 생명 안에서 성숙하는 것이다. 그분과 같은 형상을 이루는 것을 통해 우리는 하나님의 신성에 완전히 참여하며 우리가 그분의 신성한 요소를 소유하는 것이 구체화된다. 많은 그리스도인들이 지옥에 가는 대신 그저 하늘나라에 가도록 구원받은 것에 표면적으로 만족한 상태에 있다. 그러나 오늘날 주님의 회복 안에서 우리는 거듭남으로써 하나님의 신성한 생명을 가지고 하나님의 신성한 요소를 가지기 시작한 이후에도 충분히 성장한 사람에 이르도록 여전히 생명의 성장을 체험할 필요가 있음을 본다.

하나님께서 우리를 그분과 같은 형상을 이루게 하심으로 우리가 그분의 유기적인 구원을 체험하는 것을 구체화하심

하나님은 우리를 그분과 같은 형상을 이루게 하심으로 우리가 그분의 신성한 요소를 소유하는 것을 구체화하실 뿐 아니라, 그분의 유기적인 구원을 체험하는 것을 구체화하신다. 하나님의 유기적인 구원은 완전하다. 그러나 우리가 하나님의 유기적인 구원을 체험하는 것이 구체화될 필요가 있다. 그러한 구원을 체험하는 것을 구체화하는, 같은 형상을 이룸이 필요하다.

같은 형상을 이루는 것은 우리가 생명 안에서 변화되는 것의 완결임

하나님의 유기적인 구원 안에서 같은 형상을 이루는 것은 우리가 생명 안에서 변화되는 것(고후 3:18)의 완결이며, 또한 몸의 변형과 영광스럽게 됨이 있기 전에 우리가 준비되는 것이다. 하나님의 유기적인 구원은 거듭나게 하심으로 시작하여 새롭게 하심, 거룩하게 하심, 변화시키심,

같은 형상을 이루게 하심의 과정을 거친다. 결국 하나님은 우리가 새 예루살렘으로 완결되도록 우리를 영광스럽게 하실 것이다. 영광스럽게 되려면 먼저 우리는 그분과 같은 형상을 이루어야 한다. 곧 생명이 성숙해야 한다. 같은 형상을 이루는 것은 우리가 영광스럽게 되기 전에 이루어지는 예비 작업이다. 하나님의 갈망은 그분의 백성을 영광스럽게 하는 것인데, 그분께서 한 무리의 어린아이들을 영광스럽게 하실 수는 없다. 그분은 오직 성장한 한 무리의 사람들을 영광스럽게 하실 수 있다. 그러므로 같은 형상을 이루게 하시는 것은 하나님께서 우리 안에서 영광스럽게 하시는 일을 수행하시도록 우리를 예비시키시는 것이다.

같은 형상을 이루는 것은
하나님의 맏아들과 같은 형상을 이루는 것임

로마서 8장 29절은 "하나님께서 미리 아신 사람들을 그분의 아들의 형상과 같은 형상을 이루게 하시려고 또한 미리 정하셨기 때문입니다. 그것은 그분의 아들을 많은 형제들 가운데서 맏아들이 되게 하시려는 것이었습니다."라고 말한다. 우리는 거듭나서 하나님의 아들들이 되었다. 그러나 여전히 하나님의 맏아들과 같은 형상을 이룰 필요가 있다. 하나님의 독생자는 신성은 갖고 계셨지만 인성은 없으셨다. 하나님의 맏아들이신 그리스도는 신성과 인성 둘 다를 갖고 계신다. 우리는 하나님의 맏아들 곧 첫 번째 하나님-사람이신 그리스도와 같은 형상을 이룰 것이다. 이것은 우리가 그분과 똑같은 한 무리의 하나님-사람들이 되는 것이다.

하나님의 맏아들 곧 첫 번째 하나님-사람이신 그리스도는 이 땅에 사실 때 십자가의 그늘 아래 사셨다. 그분의 삶은 십자가에 못 박힌 삶이었다. 십자가에 못 박힌 그러한 삶은 하나의 틀이 되었다. 하나님의 맏아들과 같은 형상을 이루는 체험을 하기 위해 우리는 날마다 그분의 죽음과 같은 형상을 이루어야 한다. 빌립보서 3장 10절에서 바울은 "나는 그리스도와 그분의 부활 능력과 그분의 고난의 교통을 알고, 그분의 죽음과 같은 형상을 이루어"라고 말한다. 한편으로 우리는 그리스도의 부활 능력을 통해 모든 일에서 그분의 죽음과 같은 형상을 이루며, 다른 한편으로는 예수 그리스도의 영의 넘치는 공급을 통해, 그리스도를 확대하기 위해 그리스도를 산다(빌 1:19-21상).

우리를 하나님의 맏아들의 복사판이 되게 함

이렇게 같은 형상을 이루는 것은 우리를 하나님의 맏아들의 복사판이 되게 하여, 우리가 그분과 똑같이 되고 의와 거룩함에서 하나님과 똑같이 되게 한다(요일 3:2, 엡 4:24). 우리는 하나님의 형상에서뿐 아니라 그분의 의와 거룩함에서도 하나님의 복사판들이다. 하나님의 의는 그분의 의로운 절차이며, 거룩함은 그분의 거룩한 본성이다. 우리는 하나님의 외적인 형상에서 그분과 똑같을 뿐 아니라 그분의 의와 거룩함에서도 그분과 똑같다.

이것이 같은 형상을 이룸이다. 하나님은 그분의 유기적인 구원을 최대한으로 수행하시기 위해 우리 안에서 같은 형상을 이루게 하는 일을 수행하고 계신다. 이것이 우리를 향한 하나님의 마음의 갈망이고 우리에 대한 그분의 선한 기쁨이다. 이것은 또한 하나님께서 그분의 선민에 대해 갖고 계신 궁극적인 목표인데, 곧 우리를 벽옥이 되게 하고 최종적으로 새 예루살렘이 되게 하는 것이다.

하나님께서 우리를 영광스럽게 하시는 것은 우리가 그분의 신성한 형상을 완전히 갖게 하시려는 것임

하나님께서 우리를 영광스럽게 하시는 것은 우리가 그분의 신성한 형상을 완전히 갖게 하시려는 것으로, 하나님의 유기적인 구원의 완결시키는 방면이다(롬 8:30, 23, 엡 4:30, 빌 3:21, 골 3:4하, 벧전 5:10상, 딤후 2:10, 히 2:10).

하나님의 유기적인 구원의 마지막 단계인 영광스럽게 하심은 같은 형상을 이룬 믿는 이들을 하나님의 영광 안으로 이끈다. 오늘날 많은 그리스도인들은 우리가 영광스럽게 되는 것이 주 예수님께서 다시 오실 때 순식간에 이루어질 것이라는 잘못된 관념을 갖고 있다. 그들은 영광스럽게 됨이 순간적인 일일뿐 아니라 점진적인 과정이라는 것을 보지 못한다. 영광스럽게 됨은 점진적인 과정을 통해 성취된다. 그것은 거듭남으로 시작하여 새롭게 됨과 거룩하게 됨과 변화됨과 같은 형상을 이룸의 과정을 거치면서 계속되고, 결국 우리가 그분의 신성한 형상을 완전히 갖게 하는 영광스럽게 됨에 이르기까지 이어지는 과정이다.

하나님께서 우리를 영광스럽게 하시는 것은 우리가 그분의 신성한 형상을 소유하는 것의 완결에 이르게 하시려는 것임

하나님의 유기적인 구원에는 기반과 건축하는 것과 견고하게 하는 것과 형태를 이루는 것과 구체화하는 것이 있을 뿐 아니라 완결시키는 것도 있다. 하나님께서 우리를 영광스럽게 하시는 것은 우리가 그분의 신성한 형상을 소유하는 것의 완결에 이르게 하시려는 것이다.

우리가 거듭날 때 하나님께서 그분의 영으로 우리에게 도장 찍으심

우리가 거듭날 때 하나님은 그분의 영으로 우리에게 도장 찍으셨다(엡 1:13). 우리 안에 들어오시는 삼일 하나님 자신이신 이 도장 찍으시는 영은 우리로 도장으로 상징되는 하나님의 형상을 지니게 하시어 우리를 하나님과 같게 만드신다.

도장 찍으시는 영께서 하나님의 영광스러운 생명 요소로 우리를 속에서부터 적시심

도장 찍으시는 영의 이 도장 찍음은 잉크로 적시는 것과 같이 우리의 일생 동안 하나님의 영광스러운 생명 요소로 우리를 속에서부터 적시어 우리 몸의 구속(엡 4:30, 롬 8:23)이라는 결과를 가져오고, 이로써 우리 전 존재가 하나님의 신성한 형상을 지니게 한다.

한 면으로 하나님께서 우리를 영광스럽게 하시는 것은 하나님의 영광이 속에서부터 우리를 적시는 것이다. 우리는 거듭날 때 그 영의 도장 찍음을 받았다. 우리 안에 있는 이 도장 찍으시는 영은 매일, 계속적으로, 끊임없이, 지속적으로 우리를 적시신다. 최종적으로 그 결과는 우리가 영광스럽게 되는 가운데 우리 몸이 구속되는 것일 것이다.

우리는 성숙되어 휴거될 때 외적으로
하나님의 영광 안으로 이끌려 들어갈 것임

다른 면으로 하나님께서 우리를 영광스럽게 하시는 것에는 외적인 방면도 있다. 즉 우리는 신성한 생명 안에서 성숙되어 휴거될 때, 우리의 영광스럽게 됨을 위해 외적으로 하나님의 영광 안으로 이끌려 들어갈 것이다(롬 8:30, 히 2:10).

이러한 영광스럽게 됨에 의해 우리는
하나님의 신성한 형상을 소유하는 것의 완결에 이를 것임

그러므로 우리는 내적으로는 일생 동안 하나님의 영광으로 적셔짐을 통해, 외적으로는 하나님의 영광 안으로 이끌려 들어감을 통해 영광스럽게 될 것이다. 내적인 적심은 일생의 과정인 반면에, 외적으로 우리가 하나님의 영광 안으로 이끌리는 것은 순식간에 일어날 것이다. 이러한 영광스럽게 됨에 의해 우리는 하나님의 신성한 형상을 소유하는 것의 완결에 이를 것이다.

하나님께서 우리를 영광스럽게 하심으로
하나님의 유기적인 구원을
체험하는 것의 완결에 이르게 하심

하나님은 우리를 영광스럽게 하심으로 그분의 신성한 형상을 소유하는 것의 완결에 이르게 하신다. 더 나아가 하나님은 우리를 영광스럽게 하심으로, 우리가 그분의 유기적인 구원을 체험하는 것이 건축되고 견고하게 되고 형태를 이루고 구체화되게 하실 뿐 아니라 그러한 체험의 완결에 이르게 하신다.

우리 안에서 이루어지는 하나님의 영광스럽게 하심은 거듭나게 하심으로 시작됨

하나님의 유기적인 구원에서 우리 안에서 이루어지는 그분의 영광스럽게 하심은 그분께서 우리를 영광의 생명으로 거듭나게 하심으로 시작된다.

새롭게 하시고 거룩하게 하시고 변화시키시고 같은 형상을 이루게 하시는 하나님의 일을 통하여 우리 안에서 이루어지는 그분의 영광스럽게 하심이 완결에 이름

우리를 거듭나게 하신 후에 하나님은 그분의 생명의 영광이 우리 존재를 적시어 우리 몸에서 나타날 때까지, 새롭게 하시고 거룩하게 하시고 변화시키시고 같은 형상을 이루게 하시는 그분의 일을 한 단계 한 단계 계속하시면서 영광이신 그분 자신을 우리에게 옮겨 부으신다. 이렇게 해서 우리 안에서 이루어지는 그분의 영광스럽게 하심이 완결에 이른다.

우리가 영광스럽게 되는 것은 신성한 아들의 자격의 최상의 몫임

우리가 영광스럽게 되는 것은 하나님의 유기적인 구원 안에 있는 신성한 아들의 자격의 최상의 몫이다(갈 4:5, 롬 8:23). 하나님의 경륜은 우리가 그분의 아들들이 되어 그분의 모든 풍성을 물려받는 것이다. 우리 몸이 구속되고 우리가 신성한 아들의 자격에 대한 최상의 누림, 완전한 누림 안으로 들어갈 날이 다가오고 있다.

하나님의 유기적인 구원의 완결은 새 예루살렘, 곧 신성과 인성이 연결되고 연합됨으로써 이루어지는 우주적인 합병체임

하나님의 유기적인 구원의 완결은 새 예루살렘, 곧 신성과 인성이 연결되고 연합됨으로써 이루어지는 우주적인 합병체로서, 과정을 거치시고 완결되신 삼일 하나님께서, 거듭나고 새롭게 되고 거룩하게 되고 변화되고 그분과 같은 형상을 이루고 영광스럽게 된 세 부분으로 된 그분의 선민과 합병되신 것이다.

사랑하는 형제자매들이여, 우리의 장래는 주님의 다시 오심이다. 우리는 여기서 우리의 고난이 속히 끝나고 노예 상태의 속박에서 해방되기 위해 그분께서 돌아오시기를 괴로운 마음으로 기다리는 것이 아니다. 오히려 매일 주님의 유기적인 구원을 체험하면서 그분의 다시 오심을 기다리고 있다. 우리는 수동적으로 앉아서 기다리는 것이 아니라 날마다 적극적으로 구원받으면서 기다리고 있다. 우리는 거듭남의 단계에 머물 수 없다. 주님과 동역하여 주님께서 우리를 새롭게 하시고 거룩하게 하시고 변화시키시고 그분과 같은 형상을 이루게 하시도록 해야 한다. 그럴 때 하나님의 영원한 경륜의 성취를 위해 그분의 유기적인 구원이 우리 안에서 이루어질 것이다.

4

생명 안에서 왕으로서 다스림(1)

– 아담과 함께 죽고 그리스도와 함께 사는 것에서, 모든 상황에서 이기는 것에서, 그리스도께 접붙여진 생명을 사는 것에서

Reigning in Life (1)
In Dying with Adam and Living with Christ,
in Being Overcoming in All Circumstances,
and in Living a Grafted Life with Christ

제4장

생명 안에서 왕으로서 다스림(1)
— 아담과 함께 죽고 그리스도와 함께 사는 것에서, 모든 상황에서 이기는 것에서, 그리스도께 접붙여진 생명을 사는 것에서

개요

Ⅰ. 아담과 함께 죽는 것에서.

A. 우리의 타고난 생명은 우리가 그리스도와 함께 죽음으로써 아담과 함께 종결될 필요가 있다 — 롬 6:3-4상, 5상, 6-8상, 갈 2:20상, 엡 4:22.

B. 우리의 타고난 생명은 우리가 그리스도와 함께 죽음으로써 아담과 함께 진멸될 필요가 있다.

Ⅱ. 그리스도와 함께 사는 것에서 — 롬 6:4하, 5하, 8하, 갈 2:20하.

A. 우리의 타고난 생명은 그리스도의 부활 안에서 그분과 함께 부활할 필요가 있다.

B. 우리의 타고난 생명은 그리스도의 부활 안에서 그분과 함께 새로워질 필요가 있다 — 엡 4:23-24, 고후 4:16, 5:17.

Ⅲ. 모든 상황에서 이기는 것에서 — 롬 8:31-39, 비교 고전 15:54-57.

A. 우리는 모든 상황에서 그리스도와 함께 이김으로 넉넉히 이길 필요가 있다.

1. 하나님의 사랑(롬 8:39)이 그분의 구원의 근원이다. 우리를 향한 이 사랑은 하나님의 구원 안에서 그리스도의 사랑이 되었는데(롬 8:35), 그리스도의 사랑은 그리스도의 은혜를 통해 우리 안에서 하나님의 완전한 구원을 성취할 것이다.

2. 하나님의 원수는 온갖 고난과 재난으로 우리를 공격한다(롬 8:35-36). 그러나 우리가 그리스도 안에 있는 하나님의 사랑에 반응하기 때문에 이러한 공격들은 우리에게 유익이 된다(롬 8:28). 그러므로 우리는 이 모든 재난도 넉넉히 이긴다(롬 8:37).

B. 우리는 모든 상황에서 그리스도와 함께 이김으로써 모든 것을 초월할 필요가 있다.

1. 그리스도의 부활은 그분의 승리였으며, 그분의 승리는 그분을 믿고 그분의 부활에 참여하는 우리를 위해 부활 안에서 최종적이고 완전한 승리를 성취할 것이다 — 고전 15:54.

2. 그리스도의 승리는 우리가 받아들여야 할 성취된 사실로만 남아서는 안 된다. 그리스도의 승리는 또한 생명 주시는 영(고전 15:45하)이신 부활하신 그리스도와 우리의 영이 한 영(6:17)으로 연합됨을 통해 생명 안에서 우리의 매일의 체험이 되어야 하며, 이럴 때 우리는 그리스도와 함께 이김으로써 모든 것을 초월하게 된다.

Ⅳ. 그리스도께 접붙여진 생명을 사는 것에서 — 롬 11:17-24.

A. 우리는 그리스도께 접붙여짐으로 다음과 같이 새 창조물의 생명을 산다.

1. 그리스도 안에서 새 창조물이 됨 — 고후 5:17.

2. 새 창조물의 규칙을 따라 그 영을 따라 행함 — 갈 6:15-16, 5:25.

3. 새사람을 입음 — 엡 2:15, 4:23-24.

4. 새사람이 새롭게 되는 것을 체험함 — 골 3:10.

B. 우리는 그리스도께 접붙여짐으로 영원토록 왕으로서 다스린다 — 딤후 2:12, 계 20:4, 6, 22:5.

앞의 세 장에서 하나님의 유기적인 구원의 여섯 가지 주요한 항목인 거듭나게 하심, 새롭게 하심, 거룩하게 하심, 변화시키심, 같은 형상을 이루게 하심, 영광스럽게 하심을 보았다. 이 장부터는 그리스도의 생명 안에서 왕으로서 다스리는 문제를 다룰 것이다.

로마서의 첫 네 장은 하나님의 완전한 구원의 법리적인 구속의 방면을 보여 주며, 나머지 열두 장은 하나님의 완전한 구원의 유기적인 구원의 방면을 보여 준다. 우리는 구속받았고, 의롭게 되었고, 그리스도의 죽음을 통하여 하나님과 화목하게 되었다. 이것은 법리적인 방면이다. 그러나 로마서는 하나님의 구원에 법리적인 방면이 있을 뿐 아니라 유기적인 방면이 있다는 것을 보여 준다. 유기적인 구원은 "더욱 그분의 생명 안에서 구원받을 것입니다."라고 말하는 5장 10절에 언급되어 있다. 오늘날 우리는 하나님의 생명 안에서 구원받도록 하나님의 유기적인 구원의 과정들을 통과하고 있다. 한 면에서 우리는 구원받았지만, 다른 면에서 여전히 구원받고 있다.

하나님의 유기적인 구원을 체험하는 것은 곧 그리스도의 생명 안에서 왕으로서 다스리는 것임

우리가 생명 안에서 구원받는 것에 관해 보다 전진된 계시가 있다. 그것은 우리가 하나님의 유기적인 구원 안에서 구원받을 뿐 아니라 그리스도의 생명 안에서 왕으로서 다스린다는 것이다. 하나님의 유기적인 구원 안에서 구원받는 정도가 생명 안에서 왕으로서 다스리는 정도를 결정한다. 우리가 생명 안에서 왕으로서 다스리는 것이 하나님의 유기적인 구원을 체험하고 있다는 증거이다. 어떤 사람이 자신이 건강하다고 주장한다 해서 그 말에 의미를 부여할 필요는 없다. 그의 적혈구, 백혈구, 콜레스테

롤 수치 등이 어떤지 혈액을 검사해 보면 된다. 검사 결과가 정상이라면 이것은 그가 참으로 건강하다는 증거이다. 우리가 참으로 하나님의 유기적인 구원을 체험하고 있는지를 알려면 자신이 그리스도의 생명 안에서 왕으로서 다스리고 있는지를 반드시 살펴보아야 한다.

로마서 5장 17절은 "한 사람의 범죄로 말미암아 죽음이 그 한 사람을 통하여 왕 노릇을 하였다면, 은혜를 넘치게 받고 의의 선물을 넘치게 받는 사람들은 더욱 한 분 예수 그리스도를 통하여 생명 안에서 왕으로서 다스릴 것입니다."라고 말한다. 여기에서 넘치는 의의 선물은 법리적인 구속을 가리키고, 넘치는 은혜는 과정을 거치신 삼일 하나님을 가리킨다. 이 은혜가 우리 안에서 하나님의 유기적인 구원을 성취할 것이다.

우리가 받아들인 생명은 우리를 어떤 것들에서 구원할 뿐 아니라 우리가 모든 것을 왕으로서 다스릴 수 있게 한다. 이렇게 왕으로서 다스리는 것은 생명 안에서 구원받는 것을 훨씬 능가하는 것이다. 우리는 객관적으로 의를 받아들였다. 그러나 여전히 주관적으로 생명 안에서 왕으로서 다스릴 수 있도록 넘치는 은혜(완결되신 영이 되신, 과정을 거치신 삼일 하나님)를 계속적으로 받아들여야 한다. 로마서 6장부터 16장까지는 생명 안에서 왕으로서 다스리는 것의 의미를 계시해 준다. 우리가 아담과 함께 죽고 그리스도와 함께 사는 것, 모든 상황에서 이기는 것, 그리스도께 접붙여진 생명을 사는 것, 이 모든 것이 왕으로서 다스리는 것이 무슨 의미인지를 보여 준다. 그러나 이것들 중 어느 것도 우리 자신의 분투에 의해서 이루어지지 않는다. 이것들은 우리가 은혜를 넘치게 받음으로 이루어진다.

우리가 생명 안에서 왕으로서 다스리고 있다는 것을 어떻게 알 수 있는가? 만약 로마서 6장부터 16장까지의 계시들 안에 기술된 생활과 체험을 가진다면, 이것은 분명 우리가 생명 안에서 왕으로서 다스리고 있다는 증거이다. 우리는 세 장을 할애하여 로마서 6장부터 16장까지에서 다루어진 항목들을 살펴볼 것이다.

먼저 이번 장에서는 다음의 항목들을 볼 것이다. 곧 '아담과 함께 죽고 그리스도와 함께 사는 것'과 '모든 상황에서 이기는 것'과 '그리스도께 접붙여진 생명을 사는 것'이다.

아담과 함께 죽는 것에서

먼저 우리는 아담과 함께 죽는 것에서 생명 안에서 왕으로서 다스린다. 아담과 함께 죽는 것은 하나의 교리가 아니다. 그것은 우리가 그리스도와의 유기적인 연결 안에 있는 문제이다.

우리의 타고난 생명은 우리가 그리스도와 함께 죽음으로써 아담과 함께 종결될 필요가 있음

우리의 타고난 생명은 우리가 그리스도와 함께 죽음으로써 아담과 함께 종결될 필요가 있다(롬 6:3-4상, 5상, 6-8상, 갈 2:20상, 엡 4:22). 우리는 하나님의 형상대로 하나님의 모양에 따라 하나님에 의해 창조되었다. 그러나 아담이 타락함으로 말미암아 우리의 생명은 아담 안에 있는 옛 창조물에 속한 타고난 생명이 되었다.

옛 창조물에 속한 우리의 타고난 생명 안에는 두 가지 주요 요소가 있다. 첫 번째 요소는 죄이고, 두 번째 요소는 죽음이다. 로마서 5장부터 7장까지는 아담 안에 오직 죄와 죽음만 있다는 것을 보여 준다. 한 사람 아담을 통하여 죄가 세상에 들어왔고, 죄를 통하여 죽음이 들어왔다(5:12). 이렇게 해서 죄는 죽음으로 말미암아 우리 안에서 왕 노릇을 했고(5:21

상, 6:12), 죽음이 한 사람 아담의 범죄로 말미암아 우리에게 왕 노릇을 했다(5:17상, 14). 그러므로 아담 안에 있었을 때 우리는 생명 안에서 왕으로서 다스리지 못했다. 오히려 우리는 죄와 죽음의 다스림 아래 있었다. 그러나 마지막 아담이신 그리스도께서 십자가에서 모든 것을 포함한 죽음을 죽으셨다. 그리고 그러한 죽음을 통해 그분은 아담의 생명에 속한 모든 것을 십자가로 가져가시고 거기에서 위대한 종결을 이루셨다(6:6).

어떻게 우리가 죄와 죽음의 다스림에서 해방될 수 있는가? 그것은 우리의 분투나 노력에 의한 것이 아니다. 그것은 그리스도의 모든 것을 포함한 죽음을 통해서 이루어진다. 이 죽음을 통해서 우리는 죄와 죽음 대신에 그리스도의 생명이 우리 안에서 왕으로서 다스리게 한다. 이렇게 해서 죄와 죽음은 우리 안에서 더 이상 왕 노릇을 하지 못하고, 대신 은혜와 생명이 우리 안에서 왕으로서 다스린다(롬 5:21).

우리의 타고난 생명은 우리가 그리스도와 함께 죽음으로써 아담과 함께 진멸될 필요가 있음

우리의 타고난 생명은 우리가 그리스도와 함께 죽음으로써 아담과 함께 진멸되고, 완전히 파괴되며, 더 이상 존재하지 않게 될 필요가 있다. 우리는 침례를 받음으로 그리스도와 함께 그분의 죽음 안으로 장사되었다. 이로 말미암아 아담 안에 있는 우리 옛사람의 타고난 생명이 진멸되었다(롬 6:3-4상).

그리스도와 함께 사는 것에서

우리는 아담과 함께 죽는 것에서뿐 아니라 그리스도와 함께 사는 것에서도 생명 안에서 왕으로서 다스린다(롬 6:4하, 5하, 8하, 갈 2:20하). 로마서 6장 8절은 "우리가 그리스도와 함께 죽었다면 또한 그분과 함께 살 것도 믿습니다."라고 말한다. 이것은 그리스도의 죽음과 부활 안에서 우리가 그분과 유기적으로 연결되었다는 것을 보여 준다. 이러한 유기적인 연결에 대한 가장 좋은 예는 접붙임이다. 분리된 두 가지가 접붙여져서 하나가 된다. 우리는 그리스도께 접붙여졌고 그분의 죽음과 부활 안에서 그분과 함께 자란다.

우리의 타고난 생명은 그리스도의 부활 안에서 그분과 함께 부활할 필요가 있음

우리의 타고난 생명은 그리스도의 부활 안에서 그분과 함께 부활할 필요가 있다. 우리의 타고난 생명이 타락으로 말미암아 죄와 죽음에 오염되었지만, 우리는 그리스도와 함께 죽고 부활함으로써 그분의 부활 생명을 우리 안에 받아들였다. 그리스도의 이 부활 생명은 생명 주시는 영이며, 생명 주시는 영은 우리를 안에서부터 활력 있게 하시어 그리스도와 함께 일으키신다. 하나님께서 창조하신 우리의 기능들이 부활 안에서 회복되었다. 더욱이 그 기능들은 그리스도의 부활 생명으로 풍성하게 되고 향상되고 적셔져서, 우리가 그리스도의 온 존재를 체험하고 누리게 한다.

우리의 타고난 생명은 그리스도의 부활 안에서 그분과 함께 새로워질 필요가 있음

우리의 타고난 생명은 그리스도의 부활 안에서 그분과 함께 새로워질 필요가 있다(엡 4:23-24, 고후 4:16, 5:17). 우리의 타고난 생명은 옛 창조물, 옛사람의 영역에 속한다. 우리는 침례를 받음으로 우리의 옛사람을 벗어 버렸다. 더욱이 우리의 옛사람은 그리스도와 함께 십자가에 못 박혔다. 그러나 실지적인 체험에서 우리는 우리의 거듭난 영 안에 거하시는 그 영께서 우리의 생각에 퍼지시도록 허락해 드려야 한다. 그럴 때 우리는 이러한 연합된 영 안에서 그리스도의 부활 생명의 신선한 공급으로 양육받고 새로워질 것이다.

모든 상황에서 이기는 것에서

우리는 생명 안에서 왕으로서 다스릴 때 모든 상황에서 이길 수 있다(롬 8:31-39, 비교 고전 15:54-57).

우리는 모든 상황에서 그리스도와 함께 이김으로 넉넉히 이길 필요가 있음

우리는 모든 상황에서 그리스도와 함께 이김으로 넉넉히 이길 필요가 있다. 우리는 자신 안에서는 이기지 못한다. 우리는 그리스도의 승리 안에서 넉넉히 이긴다.

하나님의 사랑이 그분의 구원의 근원임

하나님의 사랑(롬 8:39)이 그분의 구원의 근원이다. 우리를 향한 이 사랑은 하나님의 구원 안에서 그리스도의 사랑이 되었는데(롬 8:35), 그리스도의 사랑은 그리스도의 은혜를 통해 우리 안에서 하나님의 완전한 구원을 성취할 것이다. 하나님의 이 사랑은 그리스도 안에 있고, 성령을 통해 우리 마음에 부어졌다(롬 5:5). 그 어떤 것도 우리를 이러한 하나님의 사랑에서 끊을 수 없다(롬 8:38-39). 우리를 향한 이 사랑은 하나님의 구원 안에서 그리스도의 사랑이 되었는데, 그리스도의 사랑은 하나님의 완전한 구원이 우리 안에서 성취될 때까지 그리스도의 은혜를 통해 우리를 위해 많은 놀라운 일을 행한다. 에베소서 2장 8절은 우리가 은혜로 말미암아 구원을 받았다고 말한다. 우리의 천연적인 이해에 따르면, 은혜는 어떤 대가 없이 하나님께서 우리에게 거저 주신 것이다. 사실 은혜는 그렇게 얕은 것이 아니다. 그리스도의 은혜는 무엇인가? 그리스도의 은혜는 그리스도께서 죽음과 부활을 거치시어 생명 주시는 영이 되신 것이다. 은혜는 또한 여러 과정들을 통과하신 삼일 하나님의 완결이신 그 영이다.

하나님의 원수에게서 비롯된 온갖 고난과 재난을 넉넉히 이김

하나님의 원수는 하나님께서 우리를 위해 하시는 이 놀라운 일들에 자극을 받아 온갖 고난과 재난으로 우리를 공격한다(롬 8:35-36). 그러나 우리가 그리스도 안에 있는 하나님의 사랑에 반응하기 때문에 이러한 공격들은 우리에게 유익이 된다(롬 8:28). 그러므로 우리는 이 모든 재난도 넉넉히 이긴다(롬 8:37).

우리는 모든 상황에서 그리스도와 함께 이김으로써 모든 것을 초월할 필요가 있음

우리가 생명 안에서 왕으로서 다스릴 때, 우리는 모든 상황에서 그리스도의 승리 안에서 모든 것을 초월한다. 어떻게 초월할 수 있는가? 에베소서에 따르면, 우리는 그리스도의 부활과 승천 안에서 그분과 연결되어(2:5-6) 하늘들의 영역 안으로 초월했다. 이것이 모든 것을 초월하는 것이다. 에베소서 1장은 우리가 그리스도와 함께 부활하고 승천했으므로, 단지 땅 아래 있는 모든 것뿐 아니라 땅 위와 공중과 하늘들과 심지어 하늘들 위의 하늘에 있는 모든 것 위로 그리스도와 함께 초월한다는 것을 말해 준다. 우리는 또한 모든 통치와 권세와 능력과 지배 권위보다 그리고 이 시대뿐 아니라 오는 시대에 일컬을 모든 이름보다 훨씬 위에 있게 된다(1:20-21).

우리가 참으로 은혜를 받고 진정으로 구원받았을 때가 그런 초월의 위치에 도달한 때이다. 나는 모든 믿는 이들이 이런 말을 들을 수 있기를 바란다. 자신이 구원받았으니 다만 하늘나라에 가기를 기다리기만 하면 된다고 생각하면서 혼미한 나날을 보내는 삶을 살지 말라. 이것은 이교도의 사상이다. 오늘날 우리는 그리스도의 승리 안에서 그분과 함께, 모든 것을 초월하는 생명을 살고 있다.

그리스도의 부활은 그분의 승리임

그리스도의 부활은 그분의 승리였으며, 그분의 승리는 그분을 믿고 그분의 부활에 참여하는 우리를 위해 부활 안에서 최종적이고 완전한 승리를 성취할 것이다(고전 15:54). 부활을 통하여 그리스도는 하나님의 원수인 사탄과 세상과 죄와 죽음에 대해 승리를 거두셨다. 그리스도를 믿는 우리는 그리스도 안에 있는 구속과 구원을 통하여 부활의 완결을 누릴 것이다. 이 부활은 우리의 죽은 영을 소생시키는 것으로 시작되고, 우리의 부패한 몸이 변형되는 것으로 완성된다. 이 두 시점 사이에, 우리의 타락한 혼이 부활의 실재이신 생명 주시는 영이신 그리스도 예수님에 의해 신진대사적으로 변화되는 과정이 있다.

그리스도의 승리는 생명 안에서 우리의 매일의 체험이 되어야 함

그리스도의 승리는 우리가 받아들여야 할 성취된 사실로만 남아서는 안 된다. 그리스도의 승리는 또한 생명 주시는 영(고전 15:45하)이신 부활하신 그리스도와 우리의 영이 한 영(6:17)으로 연합됨을 통해 생명 안에서 우리의 매일의 체험이 되어야 하며, 이럴 때 우리는 그리스도와 함께 이김으로써 모든 것을 초월하게 된다. 그러므로 우리는 이 연합된 영에 의해 살고 이 연합된 영을 따라 행해야 한다.

그리스도께 접붙여진 생명을 사는 것에서

우리는 아담과 함께 죽고 그리스도와 함께 살며 모든 상황에서 이기는 것에서만이 아니라 그리스도께 접붙여진 생명을 사는 것에서도 생명 안에서 왕으로서 다스린다(롬 11:17-24).

그리스도께 접붙여짐으로 새 창조물의 생명을 삶

우리가 생명 안에서 왕으로서 다스리는 것은 그리스도께 접붙여짐으로 새 창조물의 생명을 살기 위한 것이다. 새 창조물의 생명을 사는 것은 우리가 그리스도 안에서 새 창조물이 되고(고후 5:17) 새 창조물의 규칙을 따라 그 영을 따라 행함으로(갈 6:15-16, 5:25), 새사람을 입고(엡 2:15, 4:23-24) 새사람이 새롭게 되는 것을 체험하는 것이다(골 3:10).

그리스도께 접붙여짐으로 영원토록 왕으로서 다스림

우리가 생명 안에서 왕으로서 다스리는 것은 단지 새 창조물의 생명을 살기 위해서만이 아니라 그리스도께 접붙여짐으로 영원토록 왕으로서 다스리기 위한 것이다(딤후 2:12, 계 20:4, 6, 22:5).

우리가 그리스도께 접붙여졌다는 말은 단순하게 들릴지 모른다. 그러나 여기에는 하늘과 땅과 기타 많은 것들이 내포되어 있다. 로마서 11장 17절부터 24절까지는 우리가 그리스도께 접붙여졌다고 말한다. 그러나 이 그리스도는 가까이할 수 없는 빛 가운데 거하시는 하나님이시다(딤전 6:16). 우리가 그분을 접촉할 수 없는데 어떻게 그분께 접붙여질 수 있는가? 이것이 그리스도께서 여러 과정들을 통과하실 필요가 있었던 이유이다. 그분께서 거치신 첫 번째 과정은 다윗의 씨(마 1:1) 곧 다윗의 순(슥 3:8, 렘 23:5, 33:15)이 되시도록 육체가 되신 것인데(요 1:14), 이로써 우리는 그분께 접붙여질 수 있게 되었다. 사람인 우리는 나무의 일부인 가지들이다. 이와 같은 방식으로 그리스도는 나무의 일부인 다윗의 순으로서 오셨다. 그분은 우리와 정확히 똑같으시다. 그러므로 그분과 우리는 서로 접붙여질 수 있다.

그리스도께서 나무의 일부가 되신 과정은 간단하지 않았다. 그리고 그분께서 나무의 일부가 되신 것 자체가 그분께서 우리와 접붙여지실 수 있다는 것을 의미하지는 않는다. 접붙이는 사람은 성공적인 접붙임을 위해서는 접붙여지는 양쪽 부분들이 잘리고 죽을 필요가 있다는 것을 안다.

먼저 접붙일 부분이 죽어야 하고, 다음으로 그 부분에 접붙여질 부분 또한 죽어야 한다. 양쪽 부분들이 죽을 때에만 접붙여지는 것이 가능하다. 그리스도 편에서는, 다윗의 순이신 그분께서 어느 날 십자가에서 죽으셨다. 비록 그분은 육체 안에서 죽으셨지만, 그 영 안에서 부활하셨다(벧전 3:18하). 죽음과 부활을 통하여 그분은 생명 주시는 영이 되셨다(고전 15:45하). 그러한 영이 되심으로써 그리스도는 접붙임을 위해 준비되셨다. 우리 편에서는, 죄인들인 우리가 회개하고 주님을 영접할 필요가 있다. 일단 우리가 회개하고 그분을 영접하면, 생명 주시는 영이신 그분께서 우리의 영 안으로 들어오시며 우리 안에 신성한 생명을 넣어 주신다. 이 생명은 죽음과 부활의 생명이다. 그러므로 그분은 그분을 믿고 그분과 함께 죽고 부활한 우리 안으로 죽음과 부활에 이르는 열쇠를 가져오신다. 이렇게 죽음과 부활 안에서 우리는 그리스도께 접붙여진다.

그리스도께 접붙여진 후에 우리는 더 이상 우리 자신에 의해 살아서는 안 된다. 우리는 공기 같은 영이신 그리스도께서 우리 안에 사시도록 허락해 드려야 한다. 또한 더 이상 우리의 육체나 타고난 존재를 따라 살아서는 안 된다. 그보다 우리는 그리스도께 접붙여진 영인 우리의 연합된 영을 따라 살아야 한다. 이와 같이 먼저 우리는 그분과 연결되었다. 이것이 연결이다. 그런 다음에 우리는 그분과 연합되었다. 이것이 연합이다. 결국 우리는 그분과 합병되어 하나의 합병체가 된다. 이 합병체는 새 예루살렘이다. 새 예루살렘은 하나님과 사람이 연합됨으로써 이루어진 위대한 우주적인 합병체이다. 새 예루살렘 안에서 우리는 영원토록 왕으로서 다스린다.

형제자매들이여, 나는 여러분이 여러분 안으로 이 말씀을 받아들일 뿐만 아니라 마치 녹음기와 같이 이 말씀을 반복하기를 바란다. 나는 자주 집에서 여러분을 위해 기도한다. 나는 주님의 노예로서 육십 년이 넘게 그분을 위해 말해 왔다. 나는 주님을 위해 계속 반복하여 말하는 녹음기와 같다. 말씀을 전하면서 나는 다른 이들이 녹음기가 되기를 진정으로 바란다. 이것이 나의 기도이다. 주님은 "사람으로는 불가능하다. 그러나 나에게는 모든 것이 가능하다. 나는 너의 인도 아래 있는 이 모든 믿는 이들을 그러한 녹음기들이 되게 할 수 있다."라고 말씀하심으로 나의 기도에 응답하셨다. 나는 모든 형제자매들이 이런 말씀 안으로 들어가고, 이런 말씀으로 조성되며, 이런 말씀을 분명하게 말해 낼 수 있기를 바란다.

5

생명 안에서 왕으로서 다스림(2)

– 우리 자신의 의를 세우지 않고 하나님의 의를 세우는 것에서, 하나님의 의이신 그리스도를 받아들이는 것에서, 몸의 생활을 하기 위해 우리 몸을 드리는 것에서, 교회생활을 하기 위해 믿는 이들을 받아들이는 것에서

Reigning in Life (2)
In Establishing Not Our Own Righteousness
but God's Righteousness
and Taking Christ as God's Righteousness;
in Presenting Our Bodies to Live the Body Life and
Receiving the Believers to Live the Church Life

제5장

생명 안에서 왕으로서 다스림(2)

— 우리 자신의 의를 세우지 않고 하나님의 의를 세우는 것에서, 하나님의 의이신 그리스도를 받아들이는 것에서, 몸의 생활을 하기 위해 우리 몸을 드리는 것에서, 교회생활을 하기 위해 믿는 이들을 받아들이는 것에서

개요

Ⅰ. 우리 자신의 의를 세우지 않고 하나님의 의를 세우는 것에서 — 롬 9:14-10:4.

A. 우리는 그리스도와 함께 왕으로서 다스림으로 우리 자신의 의를 세우지 않고 하나님의 의를 세우는 것을 특별히 강화한다.

B. 우리는 그리스도와 함께 왕으로서 다스림으로 우리 자신의 의를 세우지 않고 하나님의 의를 세우는 것을 특별히 빛나게 한다.

Ⅱ. 하나님의 의이신 그리스도를 받아들이는 것에서 — 롬 10:4, 빌 3:9, 고전 1:30.

A. 우리는 하나님의 의이신 그리스도를 받아들이는 것을 특별히 높인다.

B. 우리는 하나님의 의이신 그리스도를 받아들이는 것에 특별히 성공한다.

주(註):

1. 하나님의 의는 그분께서 행하시는 방식이다(시 103:6-7). 하나님의 의는 하나님의 복음에 계시되어 있는데, 하나님의 의는 하나님의 복음의 기초이며, 복음의 기초는 하나님의 보좌의 기초처럼 견고하고 확고부동하다 — 롬 1:17, 시 89:14.
2. 율법 준수자들은 자기 의를 세우려고 율법을 지키려 한다(롬 9:31). 그러나 '율법의 행위로는 그분(하나님) 앞에 의롭게 될 육체가 없다'(롬 3:20).
3. 그리스도는 하나님의 의와 거룩함과 영광의 요구를 만족시키심으로 율법의 완결이 되셨으며, 하나님에게서 나오셔서 두 방면 곧 객관적인 방면과 주관적인 방면으로 믿는 이들에게 의가 되셨다(롬 10:4, 고전 1:30, 빌 3:9).

Ⅲ. 몸의 생활을 하기 위해 우리 몸을 드리는 것에서 — 롬 12-13장.

A. 우리는 몸의 생활을 하기 위해 우리 몸을 드리는 것에서 특별히 실지적이다.

B. 우리는 몸의 생활을 하기 위해 우리 몸을 드리는 것에서 특별히 풍성하다.

1. 우리의 몸을 드림으로써 — 롬 12:1.
2. 우리의 생각이 새로워짐으로써 — 롬 12:2-3.
3. 우리의 은사들을 사용함으로써 — 롬 12:4-8.
4. 가장 높은 미덕을 표현하는 생활을 함으로써 — 롬 12:9-21.
5. 권위에 복종함으로써 — 롬 13:1-7.
6. 사랑을 실행함으로써 — 롬 13:8-10.
7. 깨어 있는 생활을 함으로써 — 롬 13:11-14.

Ⅳ. 교회생활을 하기 위해 믿는 이들을 받아들이는 것에서 — 롬 14:1-15:13.

A. 우리는 교회생활을 하기 위해 믿는 이들을 받아들이는 것에서 특별히 일반적이다.

1. 하나님께서 받아들이시는 것에 따라서 — 롬 14:1-23.
2. 그리스도께서 받아들이시는 것에 따라서 — 롬 15:1-13.

B. 우리는 교회생활을 하기 위해 믿는 이들을 받아들이는 것에서 특별히 부드럽고 질서 있다.

1. 우리는 먹는 것과 마시는 것을 위해서가 아니라 의와 화평, 그리고 성령 안에 있는 기쁨을 위해 왕국 생활을 하며, 화평과 서로 건축됨을 추구한다 — 롬 14:17-19.
2. 우리는 그리스도 예수님을 따라 서로 같은 생각을 가짐으로써 한마음 한뜻으로 하나님께 영광을 돌린다 — 롬 15:5-7.

생명 안에서 왕으로서 다스리는 것에 관한 두 번째 장인 이번 장에서 우리는 첫째로 우리 자신의 의를 세우지 않고 하나님의 의를 세우는 것에서, 둘째로 하나님의 의이신 그리스도를 받아들이는 것에서, 셋째로 몸의 생활을 하기 위해 우리 몸을 드리는 것에서, 넷째로 교회생활을 하기 위해 믿는 이들을 받아들이는 것에서 생명 안에서 왕으로서 다스릴 필요가 있다는 것을 볼 것이다. 이 네 중점을 다룰 때 우리는 여덟 가지 특별한 항목, 곧 특별히 강화함, 특별히 빛나게 함, 특별히 높임, 특별히 성공함, 특별히 실지적임, 특별히 풍성함, 특별히 일반적임, 특별히 부드럽고 질서 있음을 언급할 것이다. 이 여덟 가지 '특별한' 항목은 우리가 앞의 장들에서 다루었던 모든 것을 포함한다.

찬송가 248장은 이번 장에서 다루는 여덟 가지 '특별한' 요점들을 적합하게 표현해 준다. 은혜에 관한 이 찬송은 일반 기독교 서적에서 발견할 수 없는 표현들을 담고 있다. 은혜는 무엇인가? 사실상 은혜는 하나님 자신이다. 그러면 하나님은 무엇이신가? 하나님은 새 예루살렘이시다. 그러나 그것이 은혜든 하나님이든 새 예루살렘이든 사실은 하나이다. 다음은 이 찬송가의 원문 가사를 직역한 것이다.

1. 은혜가 죄 대신해 일어나
   내 영 안에서 왕으로 다스려
   날 죄의 권능에서,
   내 본성과 그 손상에서 벗어나게 하네

   (후렴) 은혜 족하니
   무력함 없네
   내 안에 사시는 주
   무한하신 분일세

2. 주 은혜 내 발에 힘 주어
하늘에 속한 길 행하게 하시네
때맞춰 돕는 풍성하고 달콤한 은혜
날 결코 실망시키지 않도다

3. 이 은혜 곧 사람과 함께하시는 하나님
무엇과 비교하랴
육체로 나타나신 하나님
이제 내 안에 살고 계시네

(후렴) 나의 나 됨은
하나님의 은혜로 된 것이니
은혜 내 안에 나타나
이 하나님-사람의 영원한 분깃 되도다

우리는 하나님의 의에 관하여 말하고 있는데 왜 하나님의 은혜에 대한 찬송가를 언급하는가? 나의 부담과 의도는 성경 전체가 단 한 가지 곧 은혜에 대해 말한다는 것을 보여 주는 것이다. 이 은혜는 하나님이며, 하나님은 새 예루살렘이시다. 은혜는 아버지와 아들과 영의 세 방면으로 체현되신 삼일 하나님의 나타남이다. 성경이 무슨 주제를 다루든지, 그것은 아버지와 아들과 영의 세 방면으로 체현되신 삼일 하나님께서 은혜로 나타나셔서 새 예루살렘으로 완결되시는 것과 관련된다. 이것이 신약 전체가 우리에게 보여 주는 가장 높은 중심 계시이다. 그러므로 은혜를 다루지 않고서는 하나님의 의를 다룰 수 없다. 하나님의 의와 하나님의 은혜는 서로 다른 두 가지가 아니다. 로마서 5장 17절은 넘치는 은혜와 넘치는 의를 둘 다 언급한다. 의는 항상 은혜와 함께 오며 은혜의 결과이다.

우리 자신의 의를 세우지 않고 하나님의 의를 세우는 것에서

우리는 우리 자신의 의를 세우지 않고 하나님의 의를 세우는 것에서 생명 안에서 왕으로서 다스린다(롬 9:14–10:4). 하나님의 의를 모르는 이스라엘 백성들은 율법을 지켜서 그들 자신의 의를 세우려고 힘씀으로써, 그리스도 자신인 하나님의 의에는 복종하지 않았다. 이것은 하나님에 대한 모독인데, 이 때문에 이스라엘 백성들은 하나님의 구원의 길을 잃게 되었다. 우리는 그리스도를 믿어 하나님의 의를 받았다. 그리스도를 믿는 것은 하나님의 의를 세우는 것인데, 이 의는 바로 그리스도 자신이다.

그리스도와 함께 왕으로서 다스림으로 우리 자신의 의를 세우지 않고 하나님의 의를 세우는 것을 특별히 강화함

우리는 그리스도와 함께 왕으로서 다스림으로 우리 자신의 의를 세우지 않고 하나님의 의를 세우는 것을 특별히 강화한다. 강화하는 것은 강조하는 것이다. 이것은 내용들과 관련된다. 주님의 회복 안에서 주님의 일을 할 때 우리가 힘주어 강조하는 것은, 은혜는 아버지와 아들과 영의 세 방면으로 체현되신 삼일 하나님의 나타남이라는 것이다. 이것은 주님의 회복 안에서 우리가 전하는 말씀을 대표한다. 나는 여러분 모두가 '녹음기'와 같이 되고 이 말이 여러분 안에 깊이 새겨지기를 바란다. 그럴 때 여러분은 나가서 사람들을 접촉할 때 자연스럽게 이것을 말하며 이것만을 말할 것이다. 이런 '녹음기들'이 더욱더 증가되어 온 땅에서 "은혜는 아버지와 아들과 영의 세 방면으로 체현되신 삼일 하나님의 나타남이다."라는 말 외에는 다른 소리가 들리지 않기를 바란다.

그리스도와 함께 왕으로서 다스림으로 우리 자신의 의를 세우지 않고 하나님의 의를 세우는 것을 특별히 빛나게 함

우리는 그리스도와 함께 왕으로서 다스림으로 우리 자신의 의를 세우지 않고 하나님의 의를 세우는 것을 특별히 빛나게 한다. 빛나게 하는 것은 외적으로 표현하는 것이다. 그것은 결과와 관련된다. 주님의 회복 안에서 주님의 일을 할 때 우리는 아버지와 아들과 영의 세 방면으로 체현되신 삼일 하나님의 나타남인 은혜 외에 다른 어떤 것도 자랑하지 않는다. 우리는 이것을 우리의 빛남과 자랑으로 생각한다. 강화하는 것은 무언가 내적인 것이다. 빛나게 하는 것은 무언가 외적인 것이다. 오늘날 주님께서 우리에게 이러한 진리들을 주신 것은 내적으로는 우리를 통해 그 진리들의 내용이 강화되고, 외적으로는 우리를 통해 그 진리들의 실재가 빛나게 하시려는 것이다.

어떤 이들은 "이것은 우리 가운데 다른 어떤 것도 가르쳐서는 안 된다는 뜻입니까?"라고 물을지 모른다. 그것은 다른 것을 가르치느냐 가르치지 않느냐의 문제가 아니다. 사실 그것은 우리가 하나님의 중심 계시가 아닌 다른 것을 가르치는 데 할애할 시간이 없다는 뜻이다. 과거에 우리는 니 형제님의 인도를 받아 고린도전서 14장에 따라 집회를 가짐으로, 한 사람이 말하고 나머지 모두는 듣는 데서 나와 모두가 신언하도록 하였다. 1933년부터 니 형제님은 이 실행을 강하게 권장하기 시작했는데 당시에는 성공하지 못했다. 최근 몇 년 전부터 고린도전서 14장을 다시 연구한 이후에야 비로소 우리는 주님께서 의도하시는 것은 다만 모든 지체들이 돌아가면서 말하는 데 있지 않고, 모든 지체들이 한 몸으로서 함께 섞여 말하는 데 있다는 것을 발견했다. 과거에 우리는 무엇을 말해야 할지 몰랐기 때문에 집회에서 감히 말하려고 하지 않았다. 그러나 지금은 상황이 완전히 바뀌었다. 모든 이가 신언하기를 기뻐하고, 모든 이가 성경의 유일한 중심 계시에 관하여 말한다. 이것이 우리가 특별히 강조하고 자랑하는 것이다.

하나님의 의이신 그리스도를 받아들이는 것에서

우리는 우리 자신의 의가 아닌 하나님의 의를 세우는 것에서, 또한 하나님의 의이신 그리스도를 받아들이는 것에서 생명 안에서 왕으로서 다스린다(롬 10:4, 빌 3:9, 고전 1:30).

하나님의 의이신 그리스도를 받아들이는 것을 특별히 높임

우리는 하나님의 의이신 그리스도를 받아들이는 것을 특별히 높인다. 하나님의 의이신 그리스도를 어떻게 받아들이는가? 그 열쇠는 그리스도께 접붙여진 생명을 사는 데 있다. 이 접붙여진 생명은 그리스도와 함께 죽는 것과 그리스도와 함께 부활하는 것과 우리의 연합된 영 안에서 그리스도와 함께 이기고 초월하는 것을 포함한다. 이것이 우리가 하나님의 의이신 그리스도를 받아들이는 길이다.

우리가 우리의 타고난 생명에 의해 살지 않고 삼일 하나님에 의해 삶으로써 접붙여진 생명을 살 때, 그 결과는 그리스도께서 우리의 주관적인 의가 되시는 것이다. 우리가 삼일 하나님을 누릴 때, 하나님의 의이신 그리스도가 주관적으로 우리 안에 조성되신다. 따라서 객관적인 의는 은혜가 우리에게 임하여 우리가 그리스도를 우리의 주관적인 의로 받아들일 수 있게 한다. 그러므로 하나님의 의는 주관적인 그리스도, 곧 우리가 누리고 체험하며 우리 안으로 조성되신 그리스도이다.

주님의 회복 안에서 우리는 하나님의 의이신 그리스도를 받아들이는 것, 즉 그리스도께 접붙여진 생명을 사는 것에 관한 진리를 특별히 높이고 부각한다. 우리는 우리 자신의 의를 세우지 않고 주관적인 그리스도인 하나님의 의를 세운다.

하나님의 의이신 그리스도를 받아들이는 것에 특별히 성공함

우리는 하나님의 의이신 그리스도를 받아들이는 것에 특별히 성공한다. 성공한다는 의미는 무엇인가? 그것은 무언가를 성취하는 것을 의미한다. 우리의 모든 봉사와 일에서 우리가 특별히 성취해야 할 것은 하나님의 의이신 그리스도를 받아들이는 것, 즉 우리 안에 주관적인 그리스도를 갖는 것이어야 한다.

하나님의 의는 그분께서 행하시는 방식이다(시 103:6-7). 하나님의 의는 하나님의 복음에 계시되어 있는데, 하나님의 의는 하나님의 복음의 기초이며, 복음의 기초는 하나님의 보좌의 기초처럼 견고하고 확고부동하다(롬 1:17, 시 89:14). 율법 준수자들은 자기 의를 세우려고 율법을 지키려 한다(롬 9:31). 그러나 '율법의 행위로는 그분(하나님) 앞에 의롭게 될 육체가 없다'(롬 3:20). 그리스도는 하나님의 의와 거룩함과 영광의 요구를 만족시키심으로 율법의 완결이 되셨으며, 하나님에게서 나오셔서 믿는 이들에게 의가 되셨다(롬 10:4, 고전 1:30, 빌 3:9).

그리스도께서 하나님에게서 나오셔서 믿는 이들에게 의가 되신 것에는 두 방면 곧 객관적인 방면과 주관적인 방면이 있다. 객관적인 방면에서 하나님은 우리의 의이신 그리스도를 우리에게 주셔서 우리가 그분을 우리의 외적인 덮개로 입게 하셨다. 이것은 우리가 하나님 앞에서 외적으로, 객관적으로 의롭게 되도록 하시려는 것이다. 주관적인 방면에서 하나님은 우리의 의이신 그리스도를 우리에게 주셔서 그리스도께서 우리 안에 들어오시어 우리의 생명과 생명 공급이 되게 하시고 우리에게서 하나님을 살아 내시게 하셨다. 이것은 우리가 하나님 앞에서 내적으로, 주관적으로 의롭게 되도록 하시려는 것이다. 누가복음 15장에 있는 탕자의 비유는 이 두 방면을 암시한다. 한 면에서 그에게 가장 좋은 옷이 입혀졌다. 다른 면에서 그는 살진 송아지를 먹었다. 가장 좋은 옷이 입혀지는 것은 객관적인, 외적인 덮개이다. 반면에 살진 송아지를 먹는 것은 주관적인, 내적인 생명 공급이다. 하나님의 구원은 우리가 위치적으로 하나님께 의롭다 함을 받게 하는 객관적인 방면만 있는 것이 아니다. 이것은 우리의 견고한 기초이다. 이 객관적인 의롭게 됨에 기초하여, 하나님의 구원은 또한 우리가 은혜이신 그리스도를 누리게 하는 주관적인 방면도 있다. 객관적인 의롭게 됨은 목표가 아니라 삼일 하나님께서 우리에게 은혜가 되실 수 있도록 하나님의 법적인 요구를 성취하는 절차이다.

객관적인 의는 위치적이고 법적인 것이다. 그것은 그리스도 자신께서 성취하셨고, 믿는 이들은 구원받을 때 믿음으로 의롭게 됨을 통해 한 번만에 그것을 받아들였다. 주관적인 의는 유기적인 것이다. 그것은 육체 안에 계신 그리스도에 의해 성취되는 것이 아니라, 공기 같은 영이신 그리스도에 의해 믿는 이들 안에서 수행된다. 믿는 이들은 내주하시는 그리스도와 함께 동역함으로 그들 자신의 구원을 이루어 낼 필요가 있다(빌 2:12). 우리가 이루어 내고 있는 이 구원이 우리의 주관적인 의이며, 그것은 매일 매 순간 우리에게 주관적인 그리스도를 체험할 것을 요구한다.

몸의 생활을 하기 위해 우리 몸을 드리는 것에서

우리는 우리 자신의 의가 아닌 하나님의 의를 세우는 것에서, 또한 하나님의 의이신 그리스도를 받아들이는 것에서 생명 안에서 왕으로서 다스림으로써 몸의 생활을 하기 위해 우리 몸을 드릴 수 있다(롬 12-13장).

몸의 생활을 하기 위해 우리 몸을 드리는 것에서 특별히 실지적임

우리는 몸의 생활을 하기 위해 우리 몸을 드리는 것에서 특별히 실지적일 필요가 있다. 몸의 생활을 하는 것은 무언가 매우 실지적인 문제이다. 그것은 헛된 것도 공허한 것도 아니다. 세상 사람들이 하고 있는 다른 모든 일은 헛되고 공허하다. 우리가 하나님의 영원한 경륜 안에서 수행하는 일만이 헛된 관념이나 공허한 교리 및 신념이 아니다. 그것은 실지적이고 실질적인 것이다.

몸의 생활을 하기 위해 우리 몸을 드리는 것에서 특별히 풍성함

우리는 몸의 생활을 하기 위해 우리 몸을 드리는 것에서 특별히 풍성할 필요가 있다. 몸의 생활은 궁핍하거나 단조로운 것이 아니라, 내용과 실재가 풍성한 것이다. 다음에 나오는 일곱 항목은 우리가 몸의 생활 안에서 풍성하게 되는 길이다.

우리의 몸을 드림으로써

실지적이고 풍성한 방식으로 몸의 생활을 하려면 먼저 우리는 우리의 몸을 드릴 필요가 있다(롬 12:1). 우리 인간은 시간 안에 존재한다. 몸을 드릴 때 우리는 자연스럽게 우리의 시간과 온 존재를 드린다.

우리의 생각이 새로워짐으로써

우리의 몸을 드린 후에는 우리의 생각이 새로워질 필요가 있다(롬 12:2-3). 생각이 새로워지는 것은 우리 혼의 변화의 기초이다. 그것은 우리를 그리스도의 몸을 건축하는 데, 곧 몸의 생활을 실행하는 데 적합한 상태가 되게 한다.

우리의 은사들을 사용함으로써

로마서 12장 4절부터 8절까지는 그리스도의 몸 안에서 우리가 서로 다른 은사들을 받았다는 것을 보여 준다. 어떤 사람은 신언하는 은사, 어떤 사람은 섬기는 은사, 어떤 사람은 가르치는 은사, 어떤 사람은 권유하는 은사, 어떤 사람은 나누어 주는 은사, 어떤 사람은 인도하는 은사, 어떤 사람은 긍휼을 베푸는 은사가 있다. 비록 은사들이 다르다 하더라도 우리는 모두 정상적이고, 합당하고, 풍성하고, 유기적이고, 기능을 발휘

하는 지체들로서 우리 각자의 은사를 따라 기능을 발휘해야 한다. 이렇게 할 때 몸의 생활은 특별히 풍성하고 강화된다.

가장 높은 미덕을
표현하는 생활을 함으로써

로마서 12장 9절부터 21절까지는 가장 높은 미덕을 표현하는 생활을 묘사하는 긴 단락이다. 우리는 다른 사람들을 향하여, 하나님을 향하여, 우리 자신을 향하여, 박해자와 원수를 향하여, 일반적으로 모든 사람 앞에서 그리스도의 가장 높은 미덕들을 살아 낼 필요가 있다. 그렇게 완전하고도 합당한 생활은 뛰어난 특징과 탁월한 결과를 가진 생활이다.

권위에 복종함으로써

로마서 13장 1절부터 7절까지는 권위에 복종하는 것을 다룬다. 타고난 기질에 따르면 사람은 거역적이지만 변화된 사람은 복종적이다. 겉으로 보기에, 권위에 복종하는 것이 단지 정부에만 관계된 것 같다. 그러나 정상적인 교회생활을 하는 사람들인 우리가 정부와 합당한 관계를 가져야 하는 것은 평화롭고 안전한 가운데 교회생활을 하기 위해서이다.

사랑을 실행함으로써

몸의 생활을 하기 위해 우리 몸을 드리는 데 있어서 우리는 사랑을 실행해야 한다(롬 13:8-10). 오직 사랑만이 효과가 있다. 우리가 사랑하는 것은 하나님께서 먼저 우리를 사랑하셨기 때문이다. 하나님의 사랑이 우리 안에 일해 넣어진 것은 우리가 이 사랑을 살아 내도록 하려는 것이다(요일 4:10-11).

깨어 있는 생활을 함으로써

우리는 몸의 생활 안에서 깨어 있는 생활을 한다(롬 13:11-14). 우리는 혼미하고 혼돈된 생활을 하지 않는다. 그보다 우리는 잠에서 깨어나 경계하며 기다리는 사람들이다.

교회생활을 하기 위해 믿는 이들을 받아들이는 것에서

몸의 생활을 하기 위해 우리 몸을 드리는 것에 관해 로마서 12장에 계시된 것을 실행하려면, 특별히 14장 1절부터 15장 13절까지에 계시된 대로 믿는 이들을 받아들이는 실지적인 공과를 배워야 한다. 그럴 때 교회생활은 모든 참된 그리스도인들을 포함하는 포괄적인 교회생활이 될 수 있다.

교회생활을 하기 위해 믿는 이들을 받아들이는 것에서 특별히 일반적임

우리는 교회생활을 하기 위해 믿는 이들을 받아들이는 것에서 특별히 일반적일 필요가 있다. 일반적이 되는 것은 모든 사람이 같은 것을 말하고 각 가정이 같은 것을 하는 것을 의미한다. 어느 누구도 특별히 다르지 않다.

하나님께서 받아들이시는 것에 따라서

이러한 일반성은 하나님께서 받아들이시는 것에 따른 것이어야 한다(롬 14:1-23). 하나님은 매우 일반적인 분이시다. 우주 안에서 가장 일반적인 이는 하나님이다. 하나님께서 받아들이신 사람들을 우리도 반드시 받아들여야 한다. 그러지 않으면 우리가 받아들이는 것은 일반적이지 않게 된다. 우리는 교리상의 관념이나 종교상의 실행에 따라서가 아니라 하나님께서 받아들이시는 것에 따라서 믿는 이들을 받아들인다.

그리스도께서 받아들이시는 것에 따라서

이러한 일반성은 또한 그리스도께서 받아들이시는 것에 따른 것이어야 한다(롬 15:1-13). 우주 안에서 가장 일반적인 이들은 하나님과 그리스도이다. 그러므로 다음 두 문장을 기억하라. "우리는 반드시 하나님을 따라 믿는 이들을 받아들여야 한다. 우리는 반드시 그리스도를 따라 믿는 이들을 받아들여야 한다." 어떤 사람에게 하나님과 그리스도가 있는 한 우리는 반드시 그를 받아들여야 한다. 만약 그를 받아들이지 않는다면 우리의 받아들임은 선택적인 것이 된다. 그럴 때 우리는 당파적이 되고 교파가 되고 만다. 이렇게 되면 우리는 그리스도의 몸의 하나를 유지할 수 없다.

교회생활을 하기 위해 믿는 이들을 받아들이는 것에서 특별히 부드럽고 질서 있음

우리는 교회생활을 하기 위해 믿는 이들을 받아들이는 것에서 특별히 부드럽고 질서 있을 필요가 있다. 부드럽고 질서 있는 것은 다툼이 없이 화평하고 편안한 것이다. 오늘날 주님의 회복 안에서 어느 정도 이것을 볼 수 있다. 우리 가운데는 다툼이 없다. 모든 것이 화평하고 부드럽고 질서 있다. 우리가 일반적이지 않을 때 거기에는 화평이나 부드러움이나 질서가 없을 것이며, 그 결과 특별하고 당파적인 무언가가 있을 것이다. 만약 우리가 하나님과 그리스도를 따라서 다른 이들을 받아들인다면, 교회 생활은 부드럽고 질서 있을 것이며 교회 전체가 조화로운 상태에 있게 될 것이다.

먹는 것과 마시는 것을 위해서가 아니라 의와 화평, 그리고 성령 안에 있는 기쁨을 위해 왕국 생활을 함

오늘날 우리의 교회생활은 실지적인 왕국 생활이다. 왕국 생활은 먹는 것과 마시는 것을 위한 것이 아니라 의와 화평, 그리고 성령 안에 있는 기쁨을 위한 것이다. 그것은 또한 우리가 화평과 서로 건축됨을 추구하는 것이다(롬 14:17-19).

그리스도 예수님을 따라 서로 같은 생각을 가짐으로써 한마음 한뜻으로 하나님께 영광을 돌림

교회생활을 하기 위해 믿는 이들을 받아들이는 것에서 우리는 그리스도 예수님을 따라 서로 같은 생각을 가짐으로써 한마음 한뜻으로 하나님께 영광을 돌릴 필요가 있다(롬 15:5-7). 언제든지 우리가 한마음 한뜻이 되면 한입으로 같은 것을 말하게 된다. 한마음 한뜻과 한입이 되는 유일한 길은 그리스도께 지위를 드려 그분께서 우리 마음과 입에서 모든 것이 되시도록 하는 것이다. 이럴 때 하나님께서 영광을 받으신다. 우리는 하나님께서 새 예루살렘이시라고 말해 왔다. 하나님을 영광스럽게 할 때 우리는 새 예루살렘이신 그분을 받아들이며 모든 영광을 그분께 드린다.

6

생명 안에서 왕으로서 다스림(3)

– 각 지방에 있는 교회들을 그리스도의 몸의 교통 안으로 이끈 사도들을 본받는 것에서, 모든 성도들을 그리스도의 온몸의 섞이는 생활 안으로 이끈 사도들의 발자취를 따르는 것에서

Reigning in Life (3)
In Imitating the Apostle to Bring the Local Churches into the Fellowship of the Body of Christ; in Following in the Apostle's Footsteps to Bring All the Saints into the Blending Life of the Entire Body of Christ

제6장

생명 안에서 왕으로서 다스림(3)

— 각 지방에 있는 교회들을 그리스도의 몸의 교통 안으로 이끈 사도들을 본받는 것에서, 모든 성도들을 그리스도의 온몸의 섞이는 생활 안으로 이끈 사도들의 발자취를 따르는 것에서

개요

Ⅰ. 각 지방에 있는 교회들을 그리스도의 몸의 교통 안으로 이끈 사도들을 본받는 것에서 — 롬 14:3, 15:7-9, 25-33.

A. 우리는 교리상의 관념이나, 종교상의 실행이나, 우리의 기본적인 믿음과는 아무 상관이 없는 어떤 것에 따라서 다른 이들의 교리나 실행을 업신여기거나 판단하지 않는다.

B. 우리는 사람들을 받아들일 때 하나님께서 받아들이시는 것보다 더 좁아서는 안 된다. 이렇게 함으로써 그리스도의 몸의 하나를 보여 주고 또한 지킨다. 또한 우리는 교리나 실행을 따라서가 아니라, 하나님의 아들을 따라, 하나님을 따라 사람들을 받아들여야 한다. 이렇게 함으로써 어떤 빗나감이나 불화가 없이 그리스도의 몸의 교통 안에서 절대적인 화평과 부드러움과

질서의 상태를 유지하여 하나님께 영광을 돌린다(롬 14:3, 15:7). 그리스도께서 할례 받은 사람의 종이 되신 것은 조상들에게 주신 약속들을 확고히 하시려는 것이고, 이방인들의 종이 되신 것은 이방인들도 하나님의 긍휼로 말미암아 하나님께 영광을 돌리게 하시려는 것이다(롬 15:8-9).

Ⅱ. 모든 성도들을 그리스도의 온몸의 섞이는 생활 안으로 이끈 사도들의 발자취를 따르는 것에서 — 롬 16장.

A. 우리는, 추천과 문안을 통하여 우리를 그리스도의 온몸의 섞이는 생활 안으로 이끈 사도들의 발자취를 따르는데, 이것은 화평의 하나님께서 사탄을 우리의 발아래 짓밟히게 하시고 우리가 그리스도의 은혜를 누릴 수 있게 하시려는 것이다 — 롬 16:1-16, 21-24, 20.

B. 우리는 세상이 시작된 때부터 감추어져 왔던 하나님의 완전한 구원에 관한 비밀을 수행함으로 하나님의 영원한 경륜을 성취하여, 이방인들이 믿음에 순종하게 하고 유일하시고 지혜로우신 하나님께 예수 그리스도를 통하여 영광을 돌리게 한다 — 롬 16:25-27.

생명 안에서 왕으로서 다스리는 것에 관한 세 번째 장인 이번 장에서, 우리는 각 지방에 있는 교회들을 그리스도의 몸의 교통 안으로 이끈 사도들을 본받는 것에서와 모든 성도들을 그리스도의 온몸의 섞이는 생활 안으로 이끈 사도들의 발자취를 따르는 것에서 생명 안에서 왕으로서 다스리는 것을 보고자 한다. 이 장의 특별한 강조점은 그리스도의 몸인 교회의 우주적인 교통에 있다.

각 지방에 있는 교회들을
그리스도의 몸의 교통 안으로 이끈
사도들을 본받는 것에서

로마서의 마지막 세 장은 우리가 특별히 두 가지 중대한 문제들에서 생명 안에서 왕으로서 다스릴 필요가 있다는 것을 보여 준다. 첫 번째는 각 지방에 있는 교회들을 그리스도의 몸의 교통 안으로 이끈 사도들을 본받는 것에서 생명 안에서 왕으로서 다스리는 것이다(롬 14:3, 15:7-9, 25-33). 두 번째는 모든 성도들을 그리스도의 온몸의 섞이는 생활 안으로 이끈 사도들의 발자취를 따르는 것에서 생명 안에서 왕으로서 다스리는 것이다(롬 16장).

나는 우리 모두가 생명 안에서 왕으로서 다스리는 것이 지위의 문제가 아니라 실지적인 생활이라는 것을 볼 수 있기를 바란다. 로마서 14장부터 16장까지에 언급된 모든 것들은 우리의 실지적인 생활에서 생명 안에서 왕으로서 다스리는 것과 관계된다. 생명 안에서 왕으로서 다스리는 것을 체험하기 위해, 먼저 우리는 각 지방에 있는 교회들을 그리스도의 몸의 교통 안으로 이끈 사도들을 본받아야 한다. 우리가 생명 안에서 왕으로서 다스리는 것을 참되게 체험할 수 있는 것은 오직 실지적으로 그리스도의 몸의 교통 안으로 들어감에 의해서이다.

교리상의 관념이나, 종교상의 실행이나, 우리의 기본적인 믿음과는 아무 상관이 없는 어떤 것에 따라서 다른 이들의 교리나 실행을 업신여기거나 판단하지 않음

각 지방에 있는 교회들을 그리스도의 몸의 교통 안으로 이끈 사도들을 본받는 것에서 우리는 교리상의 관념이나, 종교상의 실행이나, 우리의 기본적인 믿음과는 아무 상관이 없는 어떤 것에 따라서 다른 이들의 교리나 실행을 업신여기거나 판단하지 않는 것을 배워야 한다. 이 문제에 관하여, 각지의 동역자들과 봉사자들은 기꺼이 배워야 하고 모든 형제자매들도 반드시 분명한 안목을 가져야 한다.

'우리의 기본적인 믿음'은 가장 중요하고 근본적인 진리들을 말한다. 이 진리들은 그리스도의 인격과 일에 관한 진리들로서 우리의 구원과 관련된 것들이다. 로마서 14장에 언급되어 있는 먹는 것과 날을 지키는 것과 같은 다른 모든 문제들은 기본적인 믿음이 아닌 부차적인 진리들이다. 확실히 성경은 음식에 관해 어떤 분명한 원칙들을 제시한다. 디모데전서 4장 1절과 3절은 결혼을 금지하는 것과 어떤 음식물은 먹지 말라고 하는 것이 귀신들의 가르침이라고 말한다. 하나님은 우리에게 고기를 먹는 것을 허락하신다. 그러나 만일 어떤 사람이 주님을 믿고 구주로 영접했다면 그가 믿음이 약해서 오직 채소만 먹는다 할지라도 그는 여전히 구원받은 사람이다. 그가 채소만 먹는다고 해서 구원받지 않은 사람이 되는 것이 아니다. 그러므로 먹는 것은 우리의 기본적인 믿음의 문제가 아니다. 날을 지키는 것에 관해서도 동일하다. 우리는 토요일에 모여야 하는지 주일에 모여야 하는지에 관해 사람들과 다투지 말아야 한다. 그것은 부차적인 진리이다. 우리는 주님의 회복 안에 있는 교리에 관한 관념과 실행을 포함하여, 어떤 교리에 관한 관념이나 종교적인 실행에 근거해서 다른 사람들을 업신여기거나 판단해서는 안 된다. 우리의 기본적인 믿음과는 아무 상관이 없는 것들 때문에 다른 사람을 업신여기거나 판단해서도 안 된다. 어떤 사람이 참된 그리스도인이기만 하다면 그가 교리상으로 우리와 다를지라도 그를 배제해서는 안 된다. 오히려 우리는 동일한 한 주님 안에서 그를 받아들여야 한다.

다만 하나님과 하나님의 아들을 따라 사람들을 받아들임

우리는 사람들을 받아들일 때 하나님께서 받아들이시는 것보다 더 좁아서는 안 된다. 이렇게 함으로써 그리스도의 몸의 하나를 보여 주고 또한 지킨다. 또한 우리는 교리나 실행을 따라서가 아니라, 하나님의 아들을 따라, 하나님을 따라 사람들을 받아들여야 한다. 이렇게 함으로써 어떤 빗나감이나 불화가 없이 그리스도의 몸의 교통 안에서 절대적인 화평과 부드러움과 질서의 상태를 유지하여 하나님께 영광을 돌린다(롬 14:3, 15:7). 그리스도께서 할례 받은 사람의 종이 되신 것은 조상들에게 주신 약속들을 확고히 하시려는 것이고, 이방인들의 종이 되신 것은 이방인들도 하나님의 긍휼로 말미암아 하나님께 영광을 돌리게 하시려는 것이다(롬 15:8-9).

우리는 하나님을 따라 그리고 하나님의 아들을 따라 사람들을 받아들이는 것에 관해 배워야 할 것이 많다. 과거에 이 문제에 부주의했기 때문에 우리는 그리스도의 몸과 주님 안의 많은 형제자매들에게 과오를 범했다. 이 때문에 나는 주님 앞에서 깊은 회개가 있었다. 형제자매들이여, 나는 우리가 이 장의 내용을 기도로 읽고 연구하고 암송하고 신언함으로 이 장의 내용 안으로 들어가 우리의 과거 실수들을 보기를 바란다. 물론 교파들 안에 있는 종파주의는 잘못된 것이다. 그것은 하나님께서 확실히 유죄판결 하시는 것이다. 그럼에도 불구하고, 교파들 안에 있는 참되게 구원받은 이들은 하나님의 자녀들이며, 하나님께서 그들을 받으셨다. 그러므로 우리 또한 그들을 받아들여야 한다. 그러나 우리는 그들이 처해 있는 분열에는 결코 참여하지 않을 것이다.

로마서 14장 3절은 우리가 하나님을 따라 사람들을 받아들여야 한다고 말한다. 이것은 하나님께서 받아들이신 사람들을 모두 받아들이는 것이다. 로마서 15장 7절은 그리스도께서 우리를 받아들이신 것처럼 우리가 서로를 받아들여야 한다고 말한다. 하나님께서 받아들이신 이들과 그리스도께서 받아들이신 이들은 사실 같은 사람들이다. 하나님께서 한 무리의 사람들을 받아들이시고, 그리스도께서 또 다른 한 무리의 사람들을 받아들이시는 것이 아니다. 하나님은 매우 관대하시며 좁지 않으시다. 우리가 하나님을 따라 그리고 하나님의 아들이신 그리스도를 따라 사람들을 받아들일 때, 우리는 그리스도의 몸의 하나를 보여 주고 나타내며 유지한다. 만약 우리가 교리와 실행을 따라 사람들을 받아들인다면, 그리스도의 몸의 하나가 유지되고 나타날 길이 없게 된다.

우리는 하나님의 아들을 따라 사람들을 받아들여야 한다. 이것은 유대인과 이방인 모두를 돌보시는 일에서 공정하시고 균형 잡히신 하나님의 아들을 따라 사람들을 받아들이는 것이다. 우리의 주님은 아무런 치우침 없이 균형 잡히신 주님이시다. 한 면으로 그분은 할례 받은 사람(유대인들)의 종이시다. 다른 한 면으로 그분은 하나님께서 선택하신 민족들(이방인들)의 종이시다. 주님께서 하시는 일은 항상 균형 잡혀 있고 한결

같다. 그분의 균형 잡힌 사역은 한 면으로 그리스도의 몸이 절대적인 화평과 부드러움의 상태를 유지하여 하나님께 영광을 돌리게 하고, 다른 한 면으로 이방인들이 하나님의 긍휼로 말미암아 하나님께 영광을 돌리게 한다. 하나님께 영광을 돌리는 것은 새 예루살렘에 참여하는 것이다. 우리가 새 예루살렘에 참여하지 않는다면 우리가 무엇을 하든 그것은 하나님이 아닌 우리 자신을 영광스럽게 하는 것, 곧 우리 자신을 표현하는 것이다. 오직 우리가 새 예루살렘 안에서 하나님을 표현할 때에만, 그분은 우주 가운데 참으로 영광을 얻으신다.

모든 성도들을 그리스도의 온몸의 섞이는 생활 안으로 이끈 사도들의 발자취를 따르는 것에서

로마서의 마지막 세 장은 사도가 하나님과 그리스도를 따라 믿는 이들을 받아들임으로써 산출된 몸의 생활의 섞임과 교통을 보여 준다. 이런 설명은 역대로 성경 해설가들이 보지 못했던 것이다. 로마서 16장은 모든 성도들을 그리스도의 온몸의 섞이는 생활 안으로 이끄는 일과 관련해서 사도의 탁월한 본을 우리에게 보여 준다. 그러한 생활 안에서 우리는 참으로 생명 안에서 왕으로서 다스릴 수 있다.

사도가 추천과 문안을 통하여 우리를 그리스도의 온몸의 섞이는 생활 안으로 이끎

우리는 사도들의 발자취를 따라야 한다. 사도는 추천과 문안을 통하여 우리를 그리스도의 온몸의 섞이는 생활 안으로 이끌었다. 이것은 화평의 하나님께서 사탄을 우리의 발아래 짓밟히게 하시고 우리가 그리스도의 은혜를 누릴 수 있게 하시려는 것이다(롬 16:1-16, 21-24, 20). 로마서 16장에서 사도 바울은 겐그레아에 있는 교회의 여집사인 뵈뵈 그리고 브리스가와 아굴라를 포함하여 적어도 스물일곱 명의 이름을 언급하면서, 성도들 한 사람 한 사람에게 문안했다. 그뿐만 아니라 그는 전반적으로 모든 성도들에게 문안했다. 이것은 그가 그들 각자를 상당히 잘 알고 이해하며 관심했다는 것을 보여 준다. 그런 추천과 문안은 성도들 간의 상호적인 관심을 보여 줄 뿐 아니라 교회들 간의 상호적인 교통을 보여 준다. 몸 안에 있는 교통으로 말미암아 화평의 하나님께서 사탄을 우리의 발아래 짓밟히게 하실 것이고, 우리는 그리스도의 은혜를 누릴 수 있을 것이다. 이 은혜는 곧 아버지와 아들과 영의 세 방면으로 체현되시는 삼일 하나님의 나타남이다.

세상이 시작된 때부터 감추어져 왔던 하나님의 완전한 구원에 관한 비밀을 수행함으로 하나님의 영원한 경륜을 성취함

몸 안에 있는 교통, 사탄이 짓밟히는 것, 그리고 은혜를 누리는 것을 통해 우리는 세상이 시작된 때부터 감추어져 왔던 하나님의 완전한 구원에 관한 비밀을 수행함으로 하나님의 영원한 경륜을 성취하여, 이방인들이 믿음에 순종하게 하고 유일하시고 지혜로우신 하나님께 예수 그리스도를 통하여 영광을 돌리게 할 수 있다(롬 16:25-27).

우리는 그리스도의 몸의 교통과 섞임의 실재를 가져야 한다. 그러지 않으면 우리가 얼마나 추구하든, 얼마나 단순하고 겸손하든 조만간 우리 가운데 문제들이 생길 것이며, 심지어 분열이 일어나게 될 것이다. 그러므로 우리는 몸의 이상에 통제받고, 모든 교회들 안의 모든 성도들을 그리스도의 온몸의 섞이는 생활 안으로 이끈 사도들의 발자취를 따라야 한다. 이것이 생명 안에서 왕으로서 다스리는 것이며, 이렇게 왕으로서 다스리는 것을 통해 우리는 하나님께 영광을 돌린다. 이 영광은 새 예루살렘이다. 새 예루살렘은 신성과 인성이 연결되고 연합됨으로써 이루어지는 우주적인 합병체인데, 이 합병체 안에서 하나님은 완전히 영광스럽게 되시고 그분의 경륜은 완전히 성취될 것이다.

로마서는 그리스도인의 생활을 전반적으로 다루는데, 그 결론 부분에서 지혜로우신 하나님께 영광을 돌리고 있다. 이것이 밝혀 주는 것은 이 책에서 말한 모든 일이 하나님의 지혜로 계획되고 관리되고 성취된다는 것이다. 이것은 무한히 풍성하신 삼일 하나님께서 영광을 받으시기 위한 것, 즉 하나님께서 우리를 영원토록 온전하게 하시고 그분의 몸이 되게 하시고 그분과 하나로 연결하시어, 우리를 통해 그분의 비할 데 없는 영광이 완전하고도 충분하게 표현되도록 하시려는 것이다. 하나님의 지혜의 초점은 구속받은 우리 존재의 세 부분인 영과 혼과 몸 안에 신성한 삼일성을 일해 넣으시는 것에 있다. 이것에 의해, 하나님께서 구속하시고 거룩하게 하시고 변화시키신 우리는 신성한 생명 안에서 하나님과 완전히 연결될 것이며, 신성과 인성을 연합시키고 인성을 신성에 연결시키려는 하나님의 갈망은 영원토록 성취될 것이다. 이것은 참으로 우리가 감사하고 경배할 만한 일이다. 이것은 영원토록 끊임없이 노래하고 찬양할 만한 일이다! 우리는 그리스도인의 생활과 교회생활 안에서 이것을 중심과 목표로 삼아야 한다. 그분께 선택받고 그분에 의해 온전하게 된 우리 모두가 그분의 유기적인 구원을 충만히 체험하고 그분의 생명 안에서 왕으로서 다스림으로써, 영원 안에서 그분의 완결된 표현이 되기를 바란다.

하나님의 유기적인 구원을 체험하는 것은 곧 그리스도의 생명 안에서 왕으로서 다스리는 것임

초판 인쇄일/ 1997년 2월 25일
개정판 인쇄일/ 2024년 10월 15일
개정판 발행일/ 2024년 10월 22일
저자/ 위트니스 리
역자/ 한국복음서원 편집부
발행인/ 이희득
발행처/ 한국복음서원
등록/ Ⓡ1978.3.6. 제16-12호

주소/ 경기도 성남시 중원구 사기막골로 124,
SKn테크노파크 비즈센터 B210호 (13207)
전화/ 1600-3191
팩스/ 031) 709-3389

ISBN/ 979-11-6857-234-8 03230

http://www.kgbr.co.kr
E-mail:kgbr@kgbr.co.kr

정가 6,000원